明清科考墨卷集

第二十冊

卷五十八
卷五十九
卷六十

林祖藻 主編

蘭臺出版社

第二十冊　卷五十八

非天子　兩節　徐廷槐

權有獨尊于今爲烈也夫議禮制度考文非天子也孰得而奸之以觀今天下有不同焉者乎且夫一人首出實總以開制作而朝野罔不率從如奕世以後罔替天下而有大同之象焉吾思天下有大權三曰議禮曰制度曰考文惟天子行之垂諸永久以不易是故以叙五禮以立百度以訂六書誰有奮其私智妄爲損益者主之宗伯掌之典命司之行人誰有自干罪戾擅爲變更者夫反常者多咎違天者不祥非惟於理不可抑且於勢不能則安得不守臣子之分以其事推之天子蓋自我周奄有四海爰興制作其

（提掇爲領）

（眞瀾夜上八觀鈿震動）

四書文

時父子兄弟以賢在位諸臣皆殫思竭慮乘爲定制良由天地休
明之氣積久所鍾非偶然者爾時六服群辟山陬海澨藻意論色樸
言傳號渙煌之手一代之鉅典哉即在中葉不無廢墜之憂而相
衍不改臣民亦恪共遵守以至于今天下何如哉車則同軌依
（出○今○守○鄭○重）
然所制之度也書則同文依然所考之文也行則同倫依然所議
之禮也攝億萬人之心思耳目遵道遵路其體統常尊榛千八百
國之制異又爲可大可久其規模自遠則惟其爲天子也倘非天
（一○棄○絲○出）（兩○爲）
子且不能得之當時尚何有今日哉

真得漢氣以其骨之清也骨不清不可做齊梁參論漢儲六

沉雄精悍如讀老杜歌行　王翦林

笠山諸作皆飄飄有仙氣此則儒岸之概如見勳業鉅公寸夫央庭中大冠若箕長劍拄頤丰采抑何凜凜　王彭渠

非天子

非曰能之　　王子京

不欲以能自居其審之已者深矣夫使亦果不能雖其能之者乃不以能自任抑何謙讓未遑耶對夫子曰以令日而言酬知使無以自信則是彰施之業將誣己以誣人也然以今日而言酬知遠有以自信則是量材之識不又將誣人并以誣己乎孟事有不得不任者即有不敢辭任者遑曰中和之責遽尔豫任而愉快耶亦令有以自審矣豈不知壯猷之可奮豈不知国勢之宜深而由之能非赤之能也豈不知康阜之可歆豈不知民瘼之堪痛而求之能非赤之能也赤于此即求之恐僕者而深維之矣覽文物而興懸誰不欣然遠志曰三揖百拜之儀近今猶赤屢乎若是則何日不望其能之覩先型而慨想有不舉然高望曰

王帛俎豆之容于今尚有存乎若是則何事不異其服之如其服也則（紫腰服字高）

（起淡測）

是聖作明述可以自吾而藝施如其服也則與燭像習礼可以返已而

（用三个則是反親非字）

熙夜如其服也則是備明之責于吾乎是任表章之功于我乎是居天

（又用二个服）

下之人不將曰其服揚於弘軌也如此其服乎秉炫世也如此其服高

（二語精光非字）

談經濟昌明制作也如此赤也不有厚幸哉而抑知有非服者維束帶

（此處四字用意）

立朝夫子嘗為赤許矣而以赤自維責備幾何遂跋矜稱大雅乎雖御

命他邦夫子又嘗使赤矣而以赤自思負荷何如寧敢空言華國乎設

也揖讓可以漫期赤豈不心焉慕之而無如此衷之難懷也今即與物

（倒蓋非字）

猶存而遂謂明備之責當之而無愧也則非也故也雍容可以躐許赤

哉不身為任之而無如吾躬之未閑也今雖制度昭然而况謂表揚之

事任之而克副之則非也試問聖作明述呆賢自吾勢施乎試問嫻似

習禮果能遂已藝嘶乎試問修明之貫果能于吾自任表章之功果能

于吾自居乎且也所謂揚花弘乾者能乎不能乎所謂羊乘烋世者能

乎不能乎所謂讖緯濟明制作者能乎不能乎未盡自信之深矣未盡

自審之素矣非曰能之

入手將由與求作來脈遂提能字一層次單承如其禮樂二句又把

能之虛翻一層隨將能字再頓三小小又散衍一股然後轉出非字

題神有愈緩而愈急者此類是也要末仍說非字結到能字廻應上

文妝完正面文章變化之妙似武侯八陣圖法殆非異人不能曉也

亨生

非曰能之　　呂昇

賢者不自居於能、若未敢以禮樂直任焉、夫禮樂固亦所能也、乃猶不自居於能、抑何其謙讓未遑耶、若曰處今日而尚酬知、使竟以漫無所能者出而應天下、不亦愧朝廷而羞吾黨之士哉、然必返躬而實有所能、斯可顯質於師友之前、不然而以人之緒者搘為己之優、是非特欺人也、抑自欺也、是甚矣、試以求之所俟者思之、夫禮明樂備、謂是游心大雅者所有事乎、稽升降而察聲容、亦謂是納身軌物者所必然乎、循度也、何日不望其能之禮陶樂淑、謂是納身軌物者所必然乎、循度數徵宮商亦也、何一不與其能之、假令亦於禮而果有所能也

則詢俎豆之鴻規固當攙先型于今日假令亦於樂而果有所能
也則考宮懸之絕業亦可尋遺響于當年假令亦於禮樂而有所
（層翻層接如火如）
（花）
不能亦有所能也則或絲乎宗伯或列乎太常猶將勝任而愉快
（開）
而亦固何如哉人情於己之所能者類無不躍然思所表見故以
（借上作陪）
詰戎兵由曰能之以阜民財求曰能之一旦豈亦于文物聲明之
內而亦如由之能治兵求之能聚財則作述可期何必舍所長以
（三合）
自覆然人情於己之所不能者類無不歉然多所未逮故以詰戎
兵者使之課農桑由豈曰能之以阜民財者使之統軍旅求豈曰
（須解此概整法文氣自爾）
能之一旦進亦于雍容揖讓之間而亦如由之不能聚財求之不

能治兵則修明有待何容飾所短以自誣雖曰東帶立朝夫子嘗為赤許矣然而赤則何能遽信也經濟之未嫻敢空言華國乎今（就○禮○樂○開○合）即制作依然而遂謂禮至則不爭樂至則無怨之風可自我昌明而不恌也則非也雖曰衛命他邦夫子又嘗使赤矣然而禮樂究何能相胥也彰施之無具敢輕言底績乎今（就○定○禮○樂○開）即規模既定而顧謂大禮與天地同節大樂與天地同和之藏可自我潤色而無難也則非也試問赤果能習于禮乎試問赤果能諳于樂乎試問赤于禮樂果有所不能亦有所能乎亦蓋自審久矣非曰能之

（應前作收）

只是承上作一開認真不得前半逐層撇翻工於展局轉合正

非口能

。位機神復趣諧暢。却不下一煞語。宛肖題情。曹揩珊

呂

非曰

順天程尹觀風　金學禮
外學一名

未言而先自解君不敢遽出諸口焉夫有意而急欲白者情也乃
赤承予問而不能不言又不敢遽言能無先自解其非哉令夫人
以之所詳而言傳焉亦言之所達而心在焉焉謂一己之分誰
不欲于觀聽之地提詞藻而衒禦來之品題又豈得於訪文之間
顯論議乍已吐而還欲茹寔懷疑而難自信並求以禮樂俟君子
而予復問及赤赤其何以為志哉然恆慊慊相與謂吾黨豈升而
後父無安緘默以自識則其有懷欲吐者亦斷續有頻言兒然吉
蓄於待用之日猶覺其寬而竟謀於獨居之地獨存其刻則雖言

猶在耳豈容返衆而早執成心一室與農鏡奏請吾黨請業之餘
終無造膝言以相炫則其有叩斯然者亦既詢謀四出參然人則
答是其說而乃別而俾之而亦則來是其說而先推而遠之則雜
問焉所聞豈得同財而自安成局然則求予聞而不能不有所自
也固必頭吾思之一非必轉念出顧而一念以為是繼一念以為非
也夫轉念而覺其非則猶有是之見者存而猶幾可以即應耶亦
新勅之欲發者當獨居深念早決一不敢輕出之言以相待酬舍
是又（妙補如傑）別無可以即應者遂不覺躊躇而不欲遽違也而如曰承長
者之間而必故為審顧焉則問非亦之本懷矣非必修口直陳者

意中以爲是乃言外以爲非也夫修口而任其非則并無[illegible]有非之真者存而遺意徒爲推諉乃亦所隱之自疑者當藉[illegible]具不發不盡之言以相期而兩逸又別無所以辨諍者爲不嫌隱諱而不能自緣也而如曰循彌子之辭而以波蕩恬靡者[illegible]文非亦之初心矣苟擬議未諸素抱則何不直攄胸情而必予奚曰之間故多其曲折然而自許則已審矣與其若已有異言而後悔無然何如先辨其無是言而前毀承定則我欲云了在夫子直可作妄言之聽耳苟口舌盡歸影響則何不相對忘言而必予質疑之下聊亦以遷回然而自度則已周矣未嘗禁辭之爲異語而挑

考卷鵠裁　　非曰全　　論語

焉者曰未啓而先斷何若共觀其有是語而徵焉者意畢袖而來

惡則于時語々在赤終不敢有越位之思耳非曰能之願學焉如

謂必君子而始從事赤爲乎歟

一趨一蹌寬兮綽兮能乎自撫窮步趨者三

似乎推鑠其凝注意顧學吸氣不沾脣繪影不露相德槐之見

有心令乎合當奮鞭一躍吾惡能量其所至　朱觀宸

非曰能之　高炳

優於禮樂者而亦不敢自居焉夫赤於禮樂誰謂其非所能也乃
一語振起通篇骨
求辭其實而赤亦不敢居其名乎對夫子謂世有無所挾持之人
而遂緦丿焉期人之知己乎哉碩其事關于性情之微而顯而至
于一步趨之閒亦可以辨其得失則亦有未易言勝任者此求于
禮樂所以欲俟君子也若就吾儒論之則禮以修外而為異樂以
掠轉
治內而為同誠有不可斯須去身者夫豈不講之素乎而俟之也
然要上治民莫善于禮移風易俗莫善乎樂又有非俗吏之所能
著此句亦吐得神
是脫口後語氣
為者則雖不得概以諉諸人乎其孰敢曰能之也而況于赤其鄙

陋無知固及門所共殊使漫謂周旋折旋之間遂用以中規而中

正還題面二比

矩也毋乃過不自量而貽笑于大雅之林其附融未至雖君子弟

深求而遽謂咏聲動容之際果見其情深而文明也竊恐內不自

折開

揆而遽以貽吾黨之恥蓋論禮樂之末則弦匏俎豆人皆有以習

其器而知其文而究禮樂之原則上下幽明莫不于此價其情以

達其德是故苟其能之則大而天下可以致和順之休小而一邑

亦足興弦歌之化如其不能則入為身謀無以為德輝之藉出圖

倒影下文收轉空中搖曳情致欲絕

人國何以為羽儀之資亦于此敢云謙讓未遑哉特以既不得竊

附于君子之徒則虛而求之固不若實而試之者之可信而自傷

卑賤不得致此則一言及于進反之文猶然與吾黨同居于未能
已耳抑又豈敢以冐昧自安哉方且言念君子而甚慕乎其能頌
家居而修之安保服官而用之、無所失而遙望知已無以自明（含胡得妙）
則一言及于盈滅之数亦姑與吾徒同處于不能焉耳頤學之懷
亦久有志世有知者将具衣冠而從之也
題是過峽語上承君子下起頭學豈得僅以謙退了事也此文
一面頓上一面盼下抑揚吞吐間皆有手揮目送之妙可謂細
意熨貼　史惟一

非曰能之　相焉　　陳嘉誠

能而不居其能、亦學于禮樂之地而已、夫宗廟會同正、能禮能樂之地耳、亦乃曰願學曰小相即此不已有得于禮樂之致乎、若曰甚哉禮樂之為用大也。求之所謙讓而未逴即亦之所有志而未逮然而廟朝之有制也。享覲之有文也。凡所以表身範而得盡其襄贊者厥典煌哉。正不得謂有志未逮遂謙而謝之也。蓋人各有能有不能縱懷彬雅固無庸飾所願于師友之前。事有易學不易學夙慕雍容亦何妨商所為于君親之際。考祭義而知尊祖敬宗享祀爰貽不忒哉。有事時祫。一歲頻舉不為數有事大祫三載一舉不為疏雖分薦與

若双○咋烱然

原批提能字學○字

合食不同而獻以七闋其禮同也赤心焉識之佾以六舞其樂同也

虛○上○引○起○頓○為○小　相○意○乃○帶○定○能○字○學　字有　識

赤心焉數之亦安往而非可見能者繇讀玉藻而凜君天臣澤會同

尚其有繹哉強藩一不來庭則列侯來咨而數王愾天子一不時巡

則羣辟同執而覲龍光雖時會與衆頫殊名而堂下拜颺禮無殊也

亦幸得寓目焉肆夏雅奏樂無殊也亦幸得傾耳焉又何一而非所

願學者乎將服其命服義取夫端詎蹈不衷之誚纔其禮冠名重章

甫用隆賁首之文斯時也將見入廟而僾乎見愾乎文者主婦孝孫

房批　組○經　織雅　戛○玉敲金

也至乎自羊徂牛誰其省之鳧鷖及鶩誰其潔之鐘鼓送尸誰其侑

之赤也不才敢在下風亦云幸矣豈曰能之而翊翊是矜乎入朝而

承天寵凜天威者伯叔甥舅也至問蔞苴有容時為敦琢之旅趨蹌有度時為紹介之司歆詩報答時為勳贊之末赤也承之希當大任心滋愧矣詎云學之而勝任愉快耶明知輝煌鉅典非可以章布而驟與其間念祀事孔明之章徒歷寤思承約軾錯衡之什于焉浩歎然士即無能而此意不忘竊願置身玉帛鐘鼓之會以共襄夫大雅每歎禮樂多乖亦難以儒生而匡維其制憶郊禘之非宜空係情于東會思述職之已廢寄好音于西歸雖士嘗學問而未敢即試然後願追隨文物冠裳之盛聊潤色夫太平如或知赤之將以是應之矣

原批揚治春容筆歌墨舞

能字學字分承到底有法

出經入史文采巨麗亦復委曲故為勝絕 原批

高華端凝文亦自有冠裳佩玉之度可謂雅與題稱

非曰能 陳

開口從非能說起

從上君子脫卸能字轉出本章

箇箇呼能為能字作筆

非曰能之　　費洪學

賢者不自居乎能、嫌以君子自任也。夫禮樂固非所能也，乃猶不自居焉，抑何其謙讓未遑耶。若曰以今日而言，洵知徒競以漫無所能者出而應天下，不亦輕朝廷而羞齊黨之上哉。無徒退弱而賁有所能，斯可自信于師友之前。不然而遂以中和之業自任而不辭，不恃聞于日暨，抑亦適以欺人矣。求以禮樂俟君子也，誠以禮明樂備，君子之所有事也；禮陶樂淑，君子之所優為也。則能之者也，而亦何如哉。假令亦于禮而果有所能也，考俎豆之遺規，何非悅先型于今日哉。令亦于樂而果有所能也，則宮懸之如故，何

本朝

下論

二比開闔

本朝

雖銅遺響于當年假令亦于禮樂而無有所能也則倡明制作潤色鴻猷何難身任而偷快假令亦于禮樂而有所不能亦有所能也則或借制度于宗伯或考鍾磬于太常何難捏一以自居而亦果何知哉人情于己之所能者類無不恒然以自負故以請戒矣由曰能之以阜民財求曰能之一旦置亦于聲名文物之中而亦知由之能治兵求之能阜財則作述可賴何必掩己之所長以自發然人情于己所不能者類無不退然其若歉故設以誥戒矣使之謀農桑由豈曰能之以阜民財者使之綢軍旅求豈曰能之一旦進亦于雍容典物之間而亦如由之不能阜財求之不能治

二比是詮非
字字斟酌佳

兵則修明有待何容飾已所短修自並即曰求當並朗大了晳
為赤許矣然而赤則何能有信也縉紳之未優敢空言華國爭今
即制作依然而禮至不爭樂至無怨之風謂可自我整飭而不愧
也則非也即曰御命他邦夫子又嘗使赤矣然而禮樂寬備能自
作也彰並之無其敢遽言勝任乎今問先獻未堅而大樂同和人
禮同節之盛謂自我克副而無難也則非也一非當局者遂不若旁
觀者清而人之知我究不如我之自知無義熟究不敢
以未已自謝也
赤豈不能詩纔以言乎自居敢先為國詞耳然而氣豈可明

本節兩

下論

言此意故此題非亭自當就處處不能說篇中從上禮樂君子暖卻能之頓跌有致隨承能字會翻覺擊興欲勃勃如火然泉達不可遏止中間大開大闔而以由求陪襯自己本地風光末二比實詮非字卻不背明點非字至末方倒為然出精神百倍通篇筆鋒銛利抱致流蕩而詞藻又極新鮮可愛小試必售之技張聲有

非曰

賁

非曰能之　　廖冀亨

志禮樂而遜其能將以自表所能也夫赤志於禮樂者也而豈有未
能乎亦曰不敢以當君子云爾若謂赤今者承夫子問而幾無以應
也盍酬知以能而由則能有勇知方矣求則能足民矣以赤自審顧
何能彼夫禮樂赤竊有志焉而求顧俟之誠以能禮樂者惟君子也
赤也能乎哉使赤而能也則求之所俟為赤之所能赤雖有愧於君
子將無懸於禮樂也想亦夫子所樂聞也赤也君子乎哉夫赤固非
君子使君子之所能非赤之所不能則赤即不敢當求之俟而已無
愧君子之能也想亦求之所共諒也乃以赤自審誠何如者禮樂惟

明清科考墨卷集

非曰能之（論語）　廖冀亨

先進是從夫子之教及門亦非不知之然亦第知之耳亦豈遂能之

二字埋　　雅　　能之

乎夫禮以之皆樂以之和古君子不足能之者而亦則不容妄託也

神致宛然

企其能而殷然若所能而歉然亦誠难以自問如曰節性和情爲亦

所素嫻也則非亦所敢與矣禮樂不可斯須去身昔人之教後世亦

非不聞之然亦僅聞之耳豈亦也能之乎夫禮以之陶樂以之淑今

君子亦有能之者而亦則固遠不逮也則所能而抑然望其能而皇

備精折以理消字細心辨情

然亦誠难以自安藉曰禮陶樂淑爲亦亦所素優也則非亦所幾及矣

雖亦之志久慕禮明樂備之風寧無意經曲聲容之美而無如能所

自過之中作大自任方合言志神思

未及不可強也夙昔之期許不欲讓能於人而丈之談心殊难仔能

於已故赤不敢曰赤非禮樂中人也然亦不敢曰赤能禮樂人也赤之分量固如是也雖赤之志久欲行禮奏樂之班詎忘情雍容考擊之盛而無如力未之能難自昧也企君子而生慕非謙讓之不遑念禮樂而情深覺功能之無據故赤不敢曰赤能禮樂人也然亦不敢曰赤非禮樂中人也赤之素志如是也非曰能之願學焉夫子其許赤乎

公西華於禮樂一言酬知即打算以禮樂對乃冉有忽云禮樂以俟君子矣即問及使即以己志言之是儼然以君子自居矣故開口對非曰能之四字神情敘婉口吻最宜鉢貼註云將言已

志先爲遜詞此解極妙能從此旨心則承上起下水到渠成矣 自記

其境眞其〻予妙〻筆墨之痕俱化 瞿幽穀

非曰能　廖

論語

非曰能之　四句　　盧　澤

不以所不能者厭學賢者有志於禮樂之事焉蓋學禮樂者莫大乎宗廟會同也謙言未能而自居願學能無志於其事與且君子以治躬治心之學追能述能作之休此不必經制作之常也雖在畎畝之中東之聖人矣夫學以志勵而志以事隆夙佩斯須不去

門十尚氣仰坐

之訓所學何事嘗云有志未遑而數典則忘抑陋甚也無問亦殆則赤之所學以觀赤之所能也夫無所能而言學即以之理一身尚不足又何問其事之可以奉神明治邦國乎赤也行自念焉非不知固陋之見誚而其實不可誣有謂赤以能者而赤非敢任也

情深而蕭文明於此有不遑之懼焉非不知陶淑之甚難而修為
有可勉有漸亦以學者而亦殊不顧也修內卽以修外於此有卒
業之思焉蓋學之而不易言能者制作之義也易簡動靜先王以
是裕神人別上下而與天地同節與天地同和則道存乎德盛而
陽○實○義○虛○神○數○別○　上○下○二○句○包○得○此○題○始○
化神而精焉者理未能而不肅廱學者朝廟之儀也鉅制宏章後
儒以是考制度通幽明而鬼神侍其宜朝廷得其序則事係乎有
山○大○
司之掌故而燦然者文昔先王事鬼神而亡禮嶼焉為墠為壇無
廟者不備其祭若是者已疏一昭一穆三廟者漸殺其儀若是者
太簡夫不觀宗廟乎虞堯夏禹殷湯百世不遷禮無分於四代無

考工考皇考太祖並建禮下逮於列侯其屋復屋其舁八所其旁有東西廂有室凡祠春享禴夏享嘗秋享烝冬享以至追享朝享胥在是矣內盡志而外盡物是故宗廟尚嚴昔先王親邦國而賓禮行焉存頫省問禮殺於臣下而非全乎君則不隆春朝夏宗禮聚於一時而非觀其聚則不倫則有如會同乎其名非見鄉地之所得假舉九伐以示禁而陰羽者萬重其事非朝王所之所可躋合六服以施政而玉帛者萬國其壇三成其玉璜琥其神加方明於上凡四夷國八蠻國六戎國七狄國以至四塞告至各在是矣莫不享而莫不王是故會同主朝今者休明雖邈然以吾儒澤躬

爾雅。而自安兪鄙靡識典章詢彝器而不知歟彤弓而罔佟何學之跡也。故曰學以志勵志以事隆也。亦也將服禮服以從事矣。穆穆皇皇麟麟炳炳清廟明堂之端鳴鸞佩玉之音許壽門春祠夏禴秋嘗冬烝追享朝享司尊彝存頫省問大行人春朝夏宗大宗伯郊地兩禮註閒隙之地九伐大司馬陰羽逸周書王會解施政大行人壇三成三句覲禮土詡又儀註詡斂而有勇

非公事

陳聶恒

觀人於所守而嚴其辨于常焉。夫事有公則必有非公也。誠明其辨之早矣，經以得人為對也。因吾觀滅明其動不以正如此，之為宰者樂得其人以助吾之所有事者也，而因有以附于其間矣。盖關閩當大計，必為衆庶之謝禮以為民所觀乘戴之一式於下邑也，而亦以觀采君之令者也。宰小臣也，而亦以辟舉鄉大夫州長之傳者也，是吾之所以興教養也。先王先公之營建式之，可觀為一人之事，而非下民之衆所嚴矣。然邑之所以明法戒也，民觀民聽之公宴羅綴之，可觀為一邑之事，而非非人之貞所與聞。然其為賢能之舉發與

國非偏狹其心特體之常日用而自不悉外此則率可身任其事矣

其○○○○○不○○○與○然○共○○○○是○○○○○○然○無○事○○矣

夫豈絕無裁勢而守官之義不綠端斷之則民可各安其事矣富

遂民德章而循分之思必嚴於衙之處苟為容諭之所不及百民之了

嚴非所敢知也其不得委諉于公也豈必非苟非義之事欲苟為私

○○○○○非○非○公○正○而○係○○○使○○○作○愛○下

者之所不存則人之貞非所與關也其不容藉以干公也豈溝自私

自潔之事體知其為公非無奉令承教之心辭其為非公其有別嫌

明嚴之意而謙之容無復疏明之跡矣其意然以非公從至與由

復等也其賢矣哉

無此題法一切不事而縱轉合處是為雅音合清廟之樂豈非徒

小絨詞：也

非其道則一簞食不可受於人

沈近思

非道之受、雖小而亦必辨也、夫受之不可者、以非道也、非道之受、即簞食而豈可乎、且夫論人之辭受、當以道為斷、允當以非道為斷、夫（歸重非道二字是全篇半）（而）惟執非道之說以相衡、則予舉世所共怒之物、而吾為之斤斤焉引繩以議其後、亦不可謂之太苛也、如予以傳食為泰、謂所食之必萬（從數十數首字而轉處恰[illegible]）鍾也、以多為不可也、以多為不可辭乎之意、使降而為簞食焉、其亦無不可受之乎、又必謂所食者之亮、繁有徒也、以衆為不可也、以衆（淺字清出）為不可推乎之意、使殺而為一簞食焉、其亦可不辨理義而受之乎、是乎也、所謂不可受者、在食而不在道、在傳食而不在非道、而不知

其吝也。一介夫簞食者。食之至細者也。然以簞食視簞食則簞食爲細
以非義視簞食則簞食之內一生之廉恥存焉歟。以一生博簞食乎（不可意遝然。幾句便醒。）
歟。而況乎簞食之外也。一簞食者食之至少者也。然以簞食目簞食
則一簞食爲少。以非道受簞食則一簞食之內萬世之義命存焉歟。
以萬世易簞食乎哉。而況乎加于一簞食之外者也。故苟非其道纖（是點打着正說得圓）
論太寬以養爲聖賢之所必却。即纖而簞食而吾人之所不受者同
一不屑受也。不屑在道不在物也。苟非其道纖論陳饋八籩爲君子
之所莫取。即纖而一簞食而吾人之所不受者同。一不欲受也。不欲
在非道不在物之大小也。以不受簞食繇奚鍊其節之近于苦而究（從太受簞食說到上去非道受不受非道）

非其道則一簞食不可受於人（孟子）　沈近思

倒看君子之不苟受半面有全體

不得謂苦節之貞者曰非不受簞食也不受非道也非道之防雖簞食而亦不苟如是也以不受簞食俾人疑其論之過于刻而究不得

前以修己者言此以觀人者言

謂刻薄之論者曰非禁其受簞食也禁其受非道也非道之辨雖簞食而亦不畧如是也豈乎予之見第知受之不可而不知受簞食之不可知受簞食之不可而不知非道而受簞食之為不可也不然雖

氣足出此句

正答得食之非泰

受天下奚為而不可乎

不特眼光專注簞食為錯即精神力邊非道亦癡此一非字與下如字照一則字與下則字合拱見得君子初未嘗議蓋君子從未受一非道之簞食此傳食却不得謂之非道耳看破題意極凜

測。卻是極生動。

非其道　沈

非擇而取　天也

不得已而卒成功亦以善俟天而已夫取一岐山而善可繼功亦成矣然太王何嘗必天之王吾子孫哉且從來王業之興其道有三資王者存乎地致王者存乎人命王者存乎天然而地固不可恃也天亦不可測也所汲汲可自為者人耳古之人嘗試之矣而後世觀太王遷岐已事繇曰天作高山太王荒之地靈則人傑也人定且勝天

某佔[illegible]

已彼徂矣岐鬱蔥哉王氣乎其衆之地其擇之地而亦思遷之荒之之土倏忽焉於秦剝豈得已哉亡何而子孫寖與後世之王遂成于此地抑似乎其取之也果其擇之一處如惟其為善也善則福斯

集焉慶斯餘焉以茲卷之古公而叩其孫聖瑞天之報施善

鎮一革 轉平如環

其何如哉以此安王之成雖曰天命不可謂非人事也然而備歷

說此則將有假陰行以啇興志者而亦遂以功歸之乎是徒慕善善

軒豁已極

之後世而未窺君子之初心也夫君子孜孜乎有所創也綿綿乎有

所垂也雖萬不得已而不忘乎其業其統也亦曰子孫賢增而高之

引而長之可也子孫未必賢勿壞吾基勿墜吾緒可也吾之善如從

例於上貴

畢矣如曰且繼且成後世必有王者不幾貪天之功以為己功乎凡

收拾全勢如大海之迴瀾

如太王方聿來胥宇之年正高宗中興之會倥傯播越幾不自存知

曰我後世當有興者然其時未聞稱兆猶猶渺也江沱汝漢猶猶

也區區積功累仁於一隅之內漫云實始翦商使太王而安人卩
太王而非妄人何至懷必王之想而問為善之心乎哉以此知王之
以應上作照起
成雖因人事終不可謂非天命矣而猥以為王迹之興始于擇地也
蓋太王當不得已之日而彊於為善有如此
踢題如賤毬或眼到而手不到或手到而心不到或心手眼一齊
都到而遲速輕重之間隨其筆之所到而不煩繩削不費鑪錘全
題自驅集於腕下神哉技乎飄飄然仙矣

九修四　文

非擇而　孟子

非擇而取之不得已也　李光地

原古人遷國之以審勢以行權者也蓋棄國者權也惟其遠害而非擇利故其心可以諒於後世耳孟子引以為滕君謀若曰規利而動非仁者之心（仁知見成確切）審勢而行實知者之事太王之自邠而遷岐也（對下節創業垂統意反喝擇取）由今觀之高山於是乎荒作王迹於是而肇基疑其有所擇而取矣（四語理勢兼盡提起全篇旨趣）然而古者世守侯封斷無輕棄宗廟之舉聖賢安於所處初無圖度天命之心岐山雖險阻之區也而非以其形勝而就之也道路既通而昆夷喙殆豳居以後事耳西山雖神明之祚也而非知其祥兆而先之也眷顧日盛而鳴鳥聞矣業所積成耳在太王

當日以為宗祏社稷不可棄也然與其〻一夕之危則無寧奉而

（二股用代）

徙之以圖立土地人民不忍棄也然與其被兵革之殘則無寧胥

（二股用虛）

而全之以避害孝故不敢墟其祀雖若捐其宗祏社稷而心可諒

於先公仁故不忍用其衆雖若棄其土地人民而義益孚於邠土

信乎太王之權於理勢者審也而豈其得已而為之哉人但見異

（此句中并）

日子孫之王以為創業垂統必有深計豈知當日者震來厲而高

（章之以下曲折皆蒼左內　雜化習氣論貽烈滂恬好）

蹶渙其血以逖出崎嶇戎翟之間國祚幾傾而仁義益著此其所

以為太王也與

居岐固得其地矣何以云非擇正謂上下二章皆言守死非不

得已未容以僥倖非望輕舉嘗試也體貼得事理明確下四字中又能透到彊為善意思苟能如是亦庶乎其可逃也魁傑老成一空淺率。湯臨川上三句題文敘狄難云非不處且安也如邊警何直如陳後主在臨春結綺醉夢中韓擒虎突然而至使人笑來大雖工麗亦意凡而格卑矣此文結處用震六二渙上九之詞何等包括蘊藉此賓春秋微顯之法得此文訣會見拔出數階也

第二十册　卷五十八

非擇而取之不得已也

李鍾僑

論古人者當知其有不得已之時也夫去邠避岐似有所擇然而其寔非也太王亦不得已焉耳孟子若曰天下事於無可奈何之中必求所謂萬全之策而居之是終無可為之時也有國家者值擾攘之秋而務為全安之計固將不擇地而蹈之古之人有行之者太王是也當日者匹馬走於岐西遂啓宗社八百之曆柞棫拔

落落然生烟雲

於行路遂消昆夷百年之難此其遠見明略宜有以過人者故奉揚其美則高山荒作之歌且薦於郊廟而神明其事則眷顧與宅之說遂傳於雲礽乃太王之

不及此者邠故傳自公

文

劉是累世之舊〻也溥（典雅）原南岸地（致）而陰陽流泉以相其宜
數世以來未之有改也非危亡之相迫固非今日所得擅變者矣
岐故雖於戎狄亦歡人所寔殉處也（慷慨）社稷寢廟披於草萊而鼻
雉門騶于松栢新造之邦本非吾宅也縱云見利而思遷亦非今
日所敢料者矣故謂太王居岐有所擇而取者誣也直不得已而
然耳戎馬而在郊矣誓不忍以累葉廟社之寄委之草莽斯時也
雖有遼絕無人之境猶將暫往而托足焉況此新邑之哉〻尚可
居也爰胥宇其下焉蓋直以逃難于須臾而奚暇他計乎寇難不
日深矣誓不忍以億兆生靈之命拼之干戈斯時也雖有荒〻

上孟

食之區猶將遠引而寄跡焉況此周原之膴膴伊可樂也爰筮其中焉蓋直以安衆於俄傾而寧有遠圖乎蓋古者遷國大封必俟吉卜而非所論於多事之秋國家扶危定傾尚依同姓而并不可期於寡弱之時奠厥者疆土日廓而帝遷之說起有命既集而剪商之頌興吁豈太王意哉

正馥諧韻濩勁氣沮金石華力高而書味深真足推排一切 李巨來

沉浸聖籍本本原原空疎者拾其墨瀋猶能為雲龍五色 陳李方

風華掩映繽然而韻鈞也 得尋美 弟世貴

第二十册　卷五十八

非擇而取之　楊必燦

歸古人以先見之明、非其所樂受也、夫以取岐之太王為無所擇、非也、為有所擇、亦非也、是蓋不與於取之者爾、今夫有所舍而有所取者、情之常也、然或先有取之見、而因以就之者、或本無取之心而忽使安之者、此中正不能不辨其故矣、請得論太王之居岐、苗裔有鴻圖、則每盛稱其皇祖神而明之、初不暇度其勢以為歸莫之義則然耳、百世而下、其人傳其地傳、而其心且不必傳也、須閟宮有侐之篇、實始翦商、不已有今僕地望之望、緒述得亢宗則每遠追其天命、溯而上之、而不必泥其時、以為受命之奇如是耳數傳而後其迹泯其事泯而其意亦遂以泯也讀大告武成之言肇基王迹尔且存來朝走馬之中然則岐山之下以為太王擇而取之者亦或有說也頋嘗就其勢而揆之即其時而考之大河以南大抵皆殷國耳七國之餘天下其孰能納之且邠地雜處戎翟

古意盤鬱

曠野千里猶多閒土豪傑之所不爭岐距邠僅梁山一阜耳水土

指畫形勢如馬文淵

所宜陰陽所忌當亦不甚相遠也於是而聚國家於斯亦謂社稷

聚米為山瞭然在目

無隕多矣而成敗利鈍非其所逆料也高亞以來大抵又中落耳悉索敝賦國家實坐以待斃且邠民曩昔從遷于橐于囊去之遠地猶恐戎狄強敵逖之岐率水滸可行耳輜重之載剽掠之虞不

遏易於戎狄也於是合籌而圖新亦謂無遊他族弃矣而地大物
知化題俗
博非其所選計也且使擇之而必有以大其國家也則有邠業造
波瀾壯闊
以思文之神聖夫豈拙於荒度何以爰方啓行即見於再傳而後
叅活句妙
也太王雖未必漫無智畧然以異日之烈光謂纘遷之所計則雖
起古公於九泉吾知其念不到此矣抑使擇之而必有以利其後
嗣也則邠地啓土以篤烈之英姿夫豈孫於詒燕何以來朝走馬
竟及於九世之身也太王即不無畧用圖謀然以他年之式廓謂
卜地之所貽則雖傾荒山於天作吾知其未敢任受矣無他不得
已也

檇江會課　十二　孟子　初𫝀

規畫時文〻入洞〻見〻情態〻有光作〻有芒接之與位正後不差

累黍斯為名構。郵達九

古峭處似樞乃奇。恣處似國策。高承洪

非禮勿視非　四句

浙江周學院月課
仁和縣學二名　毛遠宗

詳言克己之目亦克其非禮者而已夫視聽言動己之所由狀也嚴之于非禮而克之者不已盡乎且夫人心當寂然之頃其有失焉者寡矣自吾身與萬物相交而心遂有不能自勝之權此克己之所以難也然而身不必其不往物不必其不來但使心常有主而身之所處皆退聽焉則物之交乎吾身者即莫不退聽焉克己之目可得而言矣己之自外而入者在視聽己之自中而出者在言動夫視聽言動非即為己也人之有身形以載氣氣以載理而耳目則具夫哲之口體則將其肅又是古之聖人所敬用者也頃視聽言動易溺乎己

聖人之有身意為形役形為物役而有美好以奪耆之耳目有怡歌以津吾之口蘊是古之聖人所戒慎者也吾以為禮者己之閑非禮者己之伐克己者亦克之于非禮而已矣俟非禮之已形而遏思所以制之乃忽焉而竟視矣竟聽矣竟言且動矣制之又何及也則莫如禁之于未然之為得也夫斂視返聽不言不動之際釁已窺其幾而防其漸彼物之累我者何有哉非禮自在物而吾身不與為緣縱有緣焉者審而禦之斷如矣特非禮之既去而即忽所以制之乃無何而又視矣又聽矣又言且動矣制之烏可已也則莫如精之于不息之為得也夫視聽紛紜言動雜出之際或且何其危而乘其隙彼

物之累我者豈少哉非禮既已去而吾心恒恨其來縱無求焉者絶而守之無間矣蓋仁者之于天下不能爲實然無用之於以天黙聽

非禮耳視聽言動自不可無有即總心爲己者緣此

所克乃

明而不用養靜黙于無爲非不足聚吾之精也而寂而不可爲也物至吾能辨物往而不留豈非確而可循者哉且仁者之于一己不敢爲恣焉自放之身故夫情聰明之可用持靜黙之爲非亦将以廣吾之棄也而縱而不可爲也入者得所歸出者得所至豈非歛而不肆者哉此克己之日也而吾心之禮于是乎復矣

勿字丁決四面八方皆到用意乃爾周匝

第二十冊　卷五十八

非禮勿視　四句　尹明廷

嚴其心以治身、無不仁之心矣、夫視聽言動之得以亂其心者、先不嚴也、克其非禮而禮復矣、尚何弗仁哉、且夫人非身則無以為心、非心則亦無〇為身、而人往往以人心之不仁〇皆由於身〇不知身亦何負於人哉、人不能以心自治、則心實誤其身、而反以為身之害〇〇此身之所不受也〇而欲克己復禮、吾且與子言克而復在其中矣、人無日不以形器牽其神明而蔽之、即事之之其人無處不以心思役其氣體而變之、即從之之才是致人心之不仁、非禮害之、而非禮之害仁、則視聽言動致之也、雖然、聰明者入道之資、云為者誠身之事、使

（皆身而勿在心〇一起說盡）

（呂云視聽言動）

（大〇禮〇反〇為〇小〇禮〇所〇牽〇說〇得〇渠〇然）

（呂云抉二氏之〇芥處堺所入微）

會墨科　來集　論語

必盡去耳目口體之能而後無傷于性命則天下安得一不視不聽不言不動之人而與之為仁且天下為耆慾之區萬物為有情之類

呂云在非禮處用力

如必盡禁其耆慾嗜好之來而後全其心德則天下又安得一聲色皆禮音容皆禮之地而待其為仁且人即能不視聽言動矣而視聽

克非壽斯謂規規外誘之除將滅于東而生于西

言動之本於盡絕一室而懸天下之形聲獨居而設無端之音旨用在外者能一其來用在內者不能絕其往可奈何且人即能擇禮而視聽言動而不視不聽不言不動之時反多非禮之視聽言動為之亂見聞自息或夢寐接其形而恍忽聞其聲靜默自守或心與心相語而意與意相謀欲在世者無盡而有盡欲在中者無形而有形

可奈何曰此其事在視聽言動此其權不在視聽言動是當以身克
之忽然相見目之能也從而視之則加諸心矣心實受其非禮其勿
視卒然有聞耳之才也從而聽之則取以心矣心實引其非禮其勿
聽人有心　發之言口非能自言也我有輔類以新奇動若禮何必
勿之人有心而形之動身未嘗自動也我有威儀以才智亂若禮何必
必勿之勿之者克之也克之者復之也夫人一身無處非仁始以為
仁之具誤而為不仁既人以不仁之故疑其必無利于仁何其愚也
抑知耳目日用之間事事獲其天則而天下精微之學莫過于此矣
從形色天性[illegible]
豈有離形色而求性情之事夫人用身僅有一仁乃始以失禮而虧

處行其不仁。既又以復禮而處處求其仁。又何紛也。抑知神明意念之中。能自絕其所私。而一[illegible]氣質之屬。肅然受治矣。豈盡遂形體而加制持之力也歟乎哉。

此又全未顧乎身之用說。非禮之根在中。而視聽言動在外。分視聽言動于外。而禮復于中。由應制養四字與病工夫體用都在。又之[illegible][illegible]。脫將從定理得來。人將[illegible]于克己看做心齋坐忘工夫。四勿只做個話頭。卻是視聽言動也。[illegible]不視聽言動也。是不知顏子請[illegible][illegible][illegible]。然是從四件上說。定[illegible][illegible]微工夫。文將[illegible]精批微待盡克制外養靜處。反能窺破仁字。有功正學之言也。作顏子文

平心齋坐忌諸語斷不可混入莊周以孔顏寓言揶揄無忌如優人扮聖賢爲則剩耳不可爲典據也餘類推之　呂晚村

從孟子大體小體形色天性等章及程子定性書發想遂能剖判極于毫、

非禮勿

尹　三尾

非禮勿視 四句

尹明廷

嚴其心以治身無不仁之心矣。夫視聽言動之得以閑其心上克不嚴也。克其非禮而禮復矣。尚何非仁哉。且夫人非身則無以為心。非心則亦無以為身。而人往上以人心之不仁。皆由於身。不知身亦何負于人哉。人不能以心自治。則心實誤其身。而反以為身之害。心身之所不受也。此所欲克己復禮者。必與于言克而復在其中矣。人日不以形器棄其神。則明而蔽之。即害之上。其人無處不以心思役其氣。禮而縱之。即縱之上。才是故人心之不仁。非禮害之。而非禮之害仁。則視聽言動致之也。雖然聰明者入道之資。云為者誠身之事。使

二比言須在視聽言動非禮上用工對　後○耳○目○口○用○事○上○顧○其○天○則

必盡去耳目以禮之能而後無傷乎性命則天下安得一不視不聽不言不動之人而與之為仁且天下為嗜慾之區萬物為有情之類如必盡禁其物慾嗜好之來而後全其心德則天下又安得一聲色

○呂○不並○在○非○禮○以○答○用○

二比言禁止之夫去之下心對

皆禮音容皆禮之地而待其為仁且人即能不視聽言動矣以視

後神明[illegible]○私○容○性○者○所○謂○視○之○外○誘○之○除○將○

言動之本亦當絕一室而聚天下之形聲獨居而設無端之音

○[illegible]○[illegible]○知○在○內○

在外者能絕其來闢在內者不能絕其往可奈何且人即能擇禮而視聽言動矣而不視不聽不言不動之時反多非禮之視聽言動為之亂見聞自生或夢寐接其形而嘿怒聞其聲靜默有奇或以心與相語而意與意相謀欲在世者無盡而有盡欲在中者無形而有形

可奈何○曰、此其事在視聽言動○此其權不在視聽言動○是當以身克、之○忽然相見○目之能也○從而視之○則加諸心矣○心實覺其非禮、其勿視○卒然有聞○耳之才也○從而聽之○則收以心矣○心實外其非禮○其勿聽○人有心而發之言○口非能自言也○我有輔材○以新奇動○若禮何○必勿言○人有心而形之動○身未嘗自動也○我有威儀以才智亂○為禮何、必勿之○勿之者○克之也○克之者○復之也○夫人一身無處非仁○始以身○仁之其說而為不仁○既又以不仁之故○疑其必無利于仁○何其愚也○

○故○中○而○前○二○皆○

鄉矣○平日日用之間○事事獲其天則○而天下精微之學○莫過于此矣○

○從○形○色○天○性○者○須○求○

豈有離形色而求性情之學夫、人周身徒有一仁○乃始以夫禮而處遞衍其不休從人以微淵而處之浪費什人何紛紛知神明意念惟心念之動乎大而將之[illegible]之宮之熹愚故中開後[illegible]之中能自絕其所私而身氣質之屬肅然受治矣吾嘗逐形體而加制持之力也勉乎哉

此文全主從乎身之用說非禮之根在中而視聽言動在外勿礼聽言動乎外而禮從乎中由禮制養四字描寫出禮用功在上之關鍵說得從實理得來今將顏子克己看做心齋坐忘工夫四勿只做個話頭都是視聽言動也是不視聽言動也是不知顏子請問請事總是從四件上札實做去文字特此病從得盡而制外養中處人能窺破作學有功正學也言片作顏子北

宇心齋坐忘諸語新不可混入莊周以孔顏寓言揶揄無忌知儒人粉聖賢為則劇耳不可為典據也餘類推之 呂晚村

從孟子大體小體形色天性等章及程子定性書發想遂能剖判極于毫芒 武曾

中間四比逐層翻駁要其大旨前二比則謂工夫須在視聽一非禮上用力次二比則謂心為一身之主禁止工夫全主乎心後幅二比正與中四比相應作者所謂耳目日用事上獲其天則應中間前二比蓋惟去其非禮以求復乎禮而與天則自合也所謂神欲惡念能自絕其所私應中間次二比蓋惟心能主乎內而

視聽言動皆爲之受治。則其秩有緒也。點會集註與程子解此四句之旨。發揮題理。設爲明快。結構亦甚緊密。

非禮勿聽

歲試建安縣學一等一名　周　經

無姦聲之入聽聽惟謹矣夫非禮之聲亦聽之已也勿聽焉而外入者其慝辯矣乎今夫至虛者心也而至虛者亦惟耳但使耳有乘虛而入者心即將遷虛而出是以耳之有間心之無間也欲杜其出之端必嚴其入之自審是而治心者又不容任耳矣克復之目寧特無非禮之視也哉惟聽亦然視以近而聽以遠近者自我而避亦可自我而距若遠則何逆而何距乎無所容逆距之故而率然而集更百出以相嘗此奸聲所以尤深于惡色也視主散而聽主收散者自外而前即可從外而却若收則奚前而奚却乎

（靈[illegible]兩忽微）

（老　從視入聽清思青然）

無旃覓前却之分而竅如其來有一觸而輙應此害聽所以更甚
于蔽明也則夫聽之至于非禮也尤易而克復者之務絕乎非禮
（澹淨盡清虛來）
之聽也尤嚴萬籟未鳴也此心寂然耳而于聽一啟焉啟之以禮
而騰之誦與史之箴與泠泠者且發人深省矣即奈何以規為瑱
也而如其非禮則不以為衆之臚而以為儆之忘無論食焉者之
（纖微極細絲月紅爐點雪之妙）
將與為溺但令凝神定慮之餘俄有與接為搆者遂不覺駐浮響
於冲虛則縈聽者寔縈心也心則何堪有所縈也一息未吹也此
心恬如耳而於聽一宣焉宣之以禮而音之希與風之穆與淵淵
者且養人性情矣即何取以纊為充也而如其非禮則不以為志

用秦穆公事對魏文侯語

之和而以為禪之辭無論投馬者之將與為移第令端冕正襟之
下作有如叩斯鳴者忽不禁綴繁音于隱曲則喧耳者且喧心也
心則何容有所喧也謂傾聽溺音者之漸流于導欲增悲而不可

發開常語

已也回也當不至是然而無聲無臭之消息其所領會者微矣將

打入兌後消息乙矣遊心天外

以通帝載於於穆而又雜衆竅於塵寰是終不免天人之交戰也
無聽之以耳而聽之以心豈曰默聽害聽者所必黜斯有以協乎
返聽之神耳謂偏聽無稽者之必至于亂德支奸而靡有窮也回
也又何慮此然而不聞不諫之精神其所勍毖者深矣將以絕幽
默于中藏而又引啾啁于外感是究不免中外之未融也不治乎

聽者而治夫聽〻者豈曰洗耳悦耳者在所洗斯有以全乎養聽之德耳〻以無聽攝有聽之宰而葆真守容毅然徹制外之功〻以有聽還無聽之天而閑邪存誠恬然見知止之學由是而言動間益加家矣

只一句括聽箴恰好收足

是中之所有皆入意中之所無至思凝結化成縹緲之音如聽天半雲璈歸家願移千斛水洗盡從前箏入耳也

精醇微妙無一泛語　儲六雅

是有二義奸聲已也正聲禮也勿聽奸聲當聽正聲是為克己而又復禮也然功夫全在勿字上所謂制外以養中者是制字

揔在心上說觀乖斯言蔽骨打髓而清微超雋無一塵垢習語

此振儒萬槩之觀無繁音促節那堪入耳 王介眉

非礼勿聽 周經

第二十冊　卷五十八

○非禮勿視　四句　許獬

論復禮者盡去其非禮者也夫非禮之累也非克之視聽言動而何以為仁哉夫子語顏淵若曰仁推一己而已其原與禮合其究與禮分而非禮之與禮乃爭道而馳則以有己不能無接搆有接搆不能無情欲故也（分得恰好○）欲有從外入者視收其形聽收其聲而失非視聽始也誰為之主而令闕其門欲有從內出者言露其聲動露其形而失非言動始也孰為之萌而令引其根故人謂視則視耳而為仁者有內視之明焉不睹所以亦戒慎也待視而思明猶其後矣寧敢以非禮之視涸吾自乎人謂聽則聽耳亦為仁者有返聽之聰焉不聞所

以亦恐懼也待聽而思聰猶其從矣寧敢以非禮之聽溷吾耳乎由是而言之必以禮彼于非禮之聲既不忍其交于耳又安忍其出于口也為仁者修辭即所以修意慎勿令有過言也由是而動之必以禮彼于非禮之形既不忍其觸于目又安忍其措于躬也為仁者檢形即所以檢神慎勿令有過動也就此檢點就此祓除是謂克己之己而滌邪去妄者此為大竅係焉自視聽言動而外私固無所憑而宰就此體驗就此擔當是謂由己之己而治心繕性者此為真命脉焉自視聽言動而外仁亦無所載而行不然非坐忘即坐馳也求以復禮為仁不可幾矣

要言不煩

評

克己由己二肢。亦善洗刷

非禮勿

第二十冊　卷五十八

非禮勿聽

江南俞宗師科試 張 進
吳縣一名

聲入而心移、嚴克己于勿聽焉、夫心易爲聲所引也知其爲非禮而勿聽斯聽必以禮而克以兼復乎且吾儒本無絀聰之學而求仁則有返聽之禮盖一心之體至靈者先動于目而至虛者即通于耳故一身之用作哲者不在多見而作謀者不貴多聞子間克復之目豈但非禮勿視已哉視有象而聽無形有象者可卻之而使遠無形者貞召之而已來也則匪僻之于奸聲更甚于亂色視主施而聽主受主施者可自我而堅拒主受者已自彼而倏傳也則外物之擾害聰更捷于蔽明而有如加以克己復禮之功自有非禮勿聽之道勿聽

原評直透[illegible]摘

借上脫卸妙有情理

之先必敬以養聽之德萬籟俱寂而暗室之中有耳提衆響未生而（補出本領）（語皆警拔）
屋漏之天若面命則恐懼乎其不聞而有聲之淫慝尚遙無聲之兢
凜先至勿聽之時必義以絕聽之惑耳惟司聽而運冥頑之器以神
明心具真聰而令承受之官有迎拒則惡聲不入于耳而黈纊之塞
耳尚淺志氣之如神自清其于非禮之大者而勿聽焉甘言悅耳而（推闡呂之題義畢舉）
察其巧辯文姦則在所必誅新樂移情而惧其導欲增悲則有所必（拔）
放此固有以外至之聲亂吾內涵之理而心之察禮者毫釐則耳之（肯入微）
不思者皆疊其于非禮之小者而勿聽焉似是而非知其彌近理而
次亂真即屏為無稽得失相參知其擇不精而語不詳豈奉為明訓

此固不以紛擾之辭淆吾靜一之守而心之絕非禮者至嚴則耳之從其入者自順雖學至窮理格物之餘不妨任非禮之雜至而聽則

勿聽　聽是首心　推

勿可也端居寂處默通帝載之無聲睇誦瞍箴必且閑邪之有力雖

開一層正是嶽道向裏一層

學至聲入心通之候自不覺非禮之潛消而勿聽則必先也臨在上而質在旁時凜聖謨為蓍蔡觸于耳而移于念惟恐人道介危微由

以應作收丈勢宜爾

此以克己則巧言不入于耳者令色自遠于目而耳聽倍覺月明由此以復禮則正色以養吾目者旋正聲以清吾耳而並觀亦可兼聽合之勿言勿動而克復之目在是矣回也勉之

入體既深加以鍛鍊自覺精光透露

非禮勿視　四句　　張對墀

斂於非禮者、已克而禮復矣、夫視聽言動、其以禮爲節者、即其與
非禮爲緣者也、克之以勿、而禮有不復者乎、且仁之爲道、欲其中
心安焉者也、然未能中與爲安、則宜外與爲距、蓋外乃中之符、斯
距即安之階、倘略形骸而專任心思、未有不以感之故害其寂者（所以有視聽言動）
矣、回問克己復禮之目（之目）、乎己之與禮相反者也、然必有事而後可
徵、彼夫沖然無朕之中、聞見未形、無所爲禮、又何所爲己、迨物相
交、而不能還（曰勿字）、然後此中之邪正有幾、克之與復相因者也、然必有
功而後可據、彼夫泊然無爲之內、防檢未加、無所爲克、又何所爲

○復逌逵將岐而有必嚴則其一時之去就宜決此其目固未有外
于視聽言動者也有物必有則者天之理是故目司視而作哲乎
司聽而作謀口司言而作乂貌司動而作肅凡吾身之動容周
旋莫不有秩然之節粲然之文以範圍于不過雖極在人之斟酌
損益而終無以加乎天理之毫末則遡四者所自具夫亦何在見
為非禮也謂性不謂命者人之情是故目司視而欲色耳司聽而
欲聲口司言而欲辯貌司動而欲佚樂凡吾身之動容周旋莫不
有逸豫之私宴安之欲以牽引于不窮雖極在天之陰騭降衷而
說○出○所○以○當○勿○之○故
終無以制乎人情之流蕩則任四者所自行夫亦何在見為禮之

而回於此不可不察其幾而致其決矣事之大遠於理者溪壑蹊

奚夫人而皆知其為邪克復不若是粗也明明視聽言動之可行

非字剖斷入微

然或先時而謟之或後時而追之則緩急皆為失乎其則或自持

而拘之或自信而任之則寬嚴未必合乎其中皆禮也即皆非禮

之所叢也鑑之以虛而汙染畢見衡之以平而偏陂立知庶非幾

之冒貢者寡乎功之肎便其情者怠惰因循夫人而皆知其宜戒

橫說

克復不若是懦也明明非禮之必絕然或無其事而尚萌於心或

竪說

無其心而偶動於事則內外悉為便安之地或持其暫而忽懈於

久或厲其久而猶遺於暫則歲月總為芶且之時皆勿視聽言動

也即皆視聽言動之所懷也勝之以剗而去疾務盡剖之以斷而

餘力不遺庶幾勿之自矢者堅乎心事有相關之理澄源者流固

不濁制流者源自常清而此日之天君自泰矣惡無中立之勢理

消者人心雖危以為安欲消者道心由微而日盛而本來之恒性

不虧是之謂克己是之謂復禮即馴致於中心安仁不難也

說理之文難得清真流宕諷咏此文數十徧使人油然怡然蔡

尚乾

果能此道矣雖愚必明雖柔必強

三名 左衢

為困勉者決其能愚與柔俱無容諉矣夫愚與柔無可恃也而必剛必強之道則可恃決之於能者於以見人之未可自棄耳且人之不相勝者使竟無自勝之端則就目前以立之限又安能繼起之有權也豈知品處於不齊專操於有主積其奮發之志以與為相深則何之不相勝者今則常相勝矣已百已千固視人之能以為量也夫能之數視人而增而能之權自己而決諸不能底遠到之境則意每敗於所入雖夙具進修之願而中輟之餘仍覺轉移氣質之無期乃未能奮直前之概則功亦阻於所趨將虛懸刻厲

之闇而通擬其程安見磨厲身心之有據則有愚而終錮於愚柔而終萎於柔者豈愚與柔竟無可以明强之道哉是在能此道者理道精醇之業恒出於艱難困苦之中況賦性多偏則邁往之心神貴抄學人寤寐之修初非有浩渺幽微之數制前途不遠則持循之志力宜專今夫鑑之蔽者拭之常清材之靡者扶之自直故名理之闇與常淵而啟闇即見天之會大道之綱維雖鉅而鼓舞即任事之資因是知此道之果有以伸其能於己也持久則制勝有權而願力所濡自可漸移其素蓋不以愚柔自畫者定不必以愚與柔自矮也愚以通而能通隨駑後之靈機悉破氣以強而能

壯委靡中之毅力皆佛備迹漸致只自擾其不敗之權而人定勝天何致愛栽於氣數權在則收功惟我而伐趨所繼即可直揃其歸故明與強之借學為歸者即知明與強之相償畢至也意境不蒙自為宇宙劃精微之蘊神明不備亦可與聖賢分重遠之肩勉然繁終畢已握為勤成之恭而求無非蘊奧難卓拔於恒流甚知悠已進而無窮即令情明強固我生無可恕之時請以專而究副進謂愚賜柔畢世無自與之耳困勉者之入道固如此自非勇於此道實能明歸之可必哉

果能此道矣雖愚必明雖柔必強

二名　李祖惠

明強有必至之效人弗以愚柔自廢矣夫困勉所病在愚柔而第患百倍之功未致也果能此道而明強必驗乎數為哀公策其效也曰理間而氣異聚天下之人之衆參差不能以意計而概謂知之一成功一然而天人勝負之理其必然者也氣力強弱之數其不必然者之無其必欲然者則亦無此必然者以相償學人黽勉從事而卒自廢半途其天定者莫能勝負無由一雪此言耳人一己百人十己千其自視猶何等歟情必無倚遯而願勞知其無可幾幸而于此固有所不敢懌若是而愚也柔也即百倍矣解乎

情亦無空學而莫補知其有可希冀而於此因有所必欲振若是而愚也柔也褊濡忍寧安乎今夫當然之心爲道而進爲之方亦爲道博學審問慎思明辨篤行五者既爲其大端而視人之功加倍〻又加百于五者之命而更得一道此其能爲困勉所獨擅純乎勇以用事特是臣言之而當世選耎之士或以爲煩苦而莫勝雖終日艱難懷義而發憤無所與徵即我公開誠之紳終以爲重遠而難圖將恐之鼓舞沉連幾虛羨而不自信然而臣固知果能此道之不然也大抵天下氣質之數是與德性之故相持而竪恐之爲可與純粹之初爭勝知本達德之一奚爲其不明不明者愚

累之累果若是以求破其愚庶幾啓牖至而光融出矣仁本進德之一○冥爲其不強不強者柔爲之累果若是以求化其柔亦庶幾既痼起而骨力振矣物欲之膠固定緣氣稟之拘微愚且柔不至必由乎此道竟愚且柔又何以忽知有此道也則即其羞愧勃生闇知明與強之緣未斷吾學之將權終恃性真之在變化之事視氣質已居其後降才之萌現受性猶居其後也常觀其情欲勃即知愚且柔之病中開雖愚必明雖柔必強又況質不至愚柔而克以此道從事若是故好學之難能愚柔者之人政之易舉明強者堪之臣是以慨慕文武而日夜引領屬望於哀公也

果能此道矣雖愚必明雖柔必強

十三名　李蘊芳

為困勉者決其效在善返其所能而已夫明與強本性也而愚柔
失之果能此百倍之道而猶不可必其返乎今使盡昏明強弱之
不齊謂皆可一蹴而還其性此必不可雖然其不能者夫也其終
可能者人也幾快乎獨功擴其全遂舉其所固有而復得之此亦
自求誠者意中事耳如已百已千君子所以必百倍其功者誠慮
其愚也誠慮其柔也愚則不能明矣清淑之氣不絕人心詎可使
事物之紛紜終汩其至虛至靈之体柔則不能強矣敦復之力盡
人可數安忍以日用之悠忽坐銷其百成不敗之基於此而欲決

硃卷　考五房

其效。含此道焉從容。凡情之所必欲致莫遏者。御之而遂止。前者所引而不進。後無所挽而不行。一旦退歸自闢。此道固明。明可據也。夫既有可據。而自委於不能。後雖求之。亦仍是得半之數矣。而要其情必有所不甘。則以其決斷成其強勉。遂油然漸有見天之樂。凡意之所久相安。莫患乎激之而不動。今日所見而覺有得。明日所見而仍是。失一旦詳歷其中。此固在在如故也。夫誠有足恃而自溺于不能。九而甚之。將激之而終不悟矣。而要其意亦皇焉。其若失。則以其堅確鼓其精進。自脩漆有窮極。則及之時吾懸望能之者之果也。不牽擾於旁鶩。則遂擇遂執。斷自我而人莫阻

也。不待期其近効。則擇明守固。習之久而行自利也。事不爽指其

竟。竟而懸許以報之。不誣則反生其惑。不明不強。天之所限無如

何矣。顧天下不皆神聖。而卒不絕下士以誕登之路。則當其賦畀

之物。固畢有此一日。特無以續之。斯下薇漸靡而不相償耳。功在

不舍。而道有同歸。雖欲仍安其蒔。而有所不可。事不身經其曲折

而鑿期以機之必遼。則斷畏其难。愚不能明。柔不能強。人之所造

無可謝。一齣生聲。雖遂中材。亦誰肯安於不移之自。則即其初念

之發。已畢卜其奇絕。既有以求之。自漸推漸滿。而不相遠耳。不見

其益。有時而神。雖欲結謝其號。而亦有所不能。其必明也。雖愚亦

庶乎其必强也。雖柔何慮乎。精明生其强固。即達德達道由此。一刻勵致其從容。見知之成功協于一。是有望于來能此道者。

○○○果能此道矣　一節　　十名　沈清任

困勉有可必之效愚柔者宜自策其能矣雖道不外於明強而總恃志人之不能耳果能之矣必明必強雖愚柔亦何慮哉今夫人道之絕天也有功有所未及到之處無精神所不可到之處惟自棄其精神而自絕其功力此境乃寞焉而莫企矣夫功以迫而愈奮效亦以近而可期此中之消息亦還視我躬之精進何如耳人一己百人十己千勇矣哉困勉者之功也豈非自恨其愚自苦其柔以相深於此道乎然而難能之資質既鈍而多疎所恃者神明之濟耳倘稍有游移則殘之前者終然而道中之通塞究不克入其領

墨卷

墨卷

之肺腑而善攝其靈力尸靡而不振所恃者精氣之激揚倘自甘
委頓則諸之鼓者中衰而道內之張弛又何以啟遐轉之心胸而
必堅其願蓋道無止機此日以為能闢一日而又有不能者引伸
其際稍進焉而自畫則其機已窒而能亦與之俱窒夫非不可以
自為引伸也而特餍豐其節者終惘惘世道無盡域此事以為能
更一事而又有不能者躐殉於前偶得焉而輒安則其域已封而
能亦與之俱封夫非不可以自為躐迫也而第恐倦於進者竟遂
遲也果能奮不竭之功修而不以昏庸自諉則此道之甘苦隱歷
已深斷無厚積而薄收之理果能出無窮之願力而不懈難阻為

虞則此道之等階層累而上詎有勤求而罔報之情吾見雖愚者
不愚矣弗知弗措之既久而刻苦之至道外亦予以靈通則自濬
其精即自生其慧今吾之覺悟已大殊前此之汶闇也夫固能此
道者出於意計之外也吾見雖柔者不柔矣弗得弗措之既深而
循習之真道力亦程其分量則自策其力即自練其神而今日之
堅凝乃迥異曩時之怯懦也夫在能此道者并非創獲之奇也必
明必强有斷然者是可知資稟有何一定即敦敏之資尚以窮年
孜矻為事而果確可以無難斯愉快之境偏從險嘗艱苦而生人
亦自盡其能事可矣困勉者尚其勗哉

魁卷　易三易

○○○果能此道矣雖愚必明雖柔必強

第一名　邵嗣宗

道足以化愚柔與庸自阻其能也夫愚柔誠遠於明強亦以不能百倍其功之道也果能然矣豈至終於愚柔乎且天每設夫知行迥別之品以位置斯人而不可以強合而人亦逐順所固然無或自致其能以克赴其所必至焉抑知天之所定人不得而濟之而人之所挽天亦不得而阻之夫亦視其所致力以默操其權而已人一已百人十已千此道也愚柔皆可造明強之道也賦禀之優純生人不能超而相爭獨此自作其英銳果說之氣漸汲汲焉力與為追隨欲破千古挾質之疑決豪傑之不矜天授擇執之修為

旁觀不能愛而相助惟此自策其精明強固之力者皇皇焉滿乎其量遂欲反終古一成之轍信聖哲之半屬人功然則人特患不依此道耳果其有見於義理之遥浮全恃此一意之精專直窮其底蘊而聚精凝神以清其鑑亦殫思竭慮以破其迷有見於程途之遠到全恃此內力之勇敢廹致其黽皇則銳進而心不懈於半途即奮往而力不衰於中道彼方恤恤乎日望明者而自甦厥蔽也而不知蚤已破其愚也苞符尚多未洩之奇而思力曲折以相深即大造亦不容終秘典冊具有難窺之蘊而意境熟習而相依即古人亦如可晤言覺從前之扞格不入者日啟日新宛轉而幾

豁然之一候焉明者縱坐照如神亦同此神明之相既矣彼方悄
悄乎日孜強者而自愧遜輭也而不知發已化其柔也名理有無
涯之願必欲自遂其願此中之奮發安窮道遠積難至之憂亟欲
自擇其憂此際之敏皇孰禦覺從前之委靡不振者愈進愈悅界
毅而孫不息之一境焉強者縱日進無疆亦同此菁華之不竭矣
其天賦之神奇明強者似絕人躋攀之路而不知能此道者遂與
接蹤也遲望焉者與峻念息甚焉甚戚一致諸乎其極不敢為得
半之程此際之人盡見天遂使氣懟不摶持顧之柄論生覺之懸
縱愚柔者似易生暴棄之思而不知能此道者獨開一境也自盡

壁壘

者庸衆同歸自奮者賢智合轍遺手其深顯然有從入之路此際

之日新月異足使凡庸皆知變化之權盛至是勇之至秋知仁兼

盡矣。

○○○果能此道矣雖愚必明雖柔必強

十五名　秦大士

困勉者有自致之數雖爲不能者必逮矣已可已乎之道愚柔者而由進於明強之道也特愚不能耶果能之而效可必矣其困勉遂無足有爲哉則必若拘經言知仁而次以勇誠以勇也者實與知仁有相成之用也賦畀之偏天不任救轉移之權人克有功極天下至難變者而皆可按候而償焉雖則無難而忍乃能斷懦夫自謂無用者之遂終歸無用也已已而已乎是道何道哉是愚者之不明柔者之不強乃怵他人之我先而畢歷艱難若此是愚者之不安於愚而欲其明柔者之不安於柔而欲其強乃處抗愚以

魁卷

第十葉

魁卷　　許士易

孤往而備嘗況瘁若此。顧此道日在天壤間，而愚柔者終抱其故

我而不退則何也。蓋自畫之弊，半延於畏難而求路之荒，終病於

欲速。始念本欲往而轉念若為留，則此際之一擲一前，已大隳激

厲之神明而鬱而不暢，而望前路阻修遂長，此昏冥而不我能卹

致功本甚紆而責報乃須急，則此時之藥壽或躁已盡，績其壯往

之精力而抑而不揚，而淡後歷寡些迹長，此猥瑣而無足有為而

累也。懸此道以為的，無復有可能可不能之見，搖于中而得乎苦

中之甘，以即乎難，後之獲師友不及推，旁觀心及撓，直點提其慨

悔之良，以冥升不息而收效，乃倍神矣。持此道以為歸，不復有或

然或不能之說撓於外，而識性爭乎其至，力克斷於所堅，奮我者莫為助；愚我者莫為但直隱，鼓其奮迅之志，以日進於難而樂化，乃不測焉。首是雖愚而不終於愚也，雖柔而不終於柔也，嚮也闇，文之是愛，與觀之是懼，乃此道能而遂一歸其極，彼學知利行者，無以議過矣。特不果者未親此秘耳。雖愚而且可必其明也，雖柔而且可必其強也。向也見人之明睿而羨之，見人之邁往而下之，乃此道能而遂一旋其面，即生知安行者，其亦同歸矣。特不果者未嘗此樂耳。嗟乎！天壤之間，為長此愚柔而不返，須然但抱其虛質以遊，曾不識救弊補偏之有術，而萬世之聖功王業幾至隳於

許十房

糊卷

古而絕於今。唯總攬之功。實有是明強之可復。確然自信其人存

術主祇益勵其併心壹志之精。恍而萬象之血氣陰陽遂皆賴而

靈而懦可立。積重非難轉。況斯世半屬中材。大道與終窮。在一巳

端其祈嚮。公誠默念夫知之成功一。以力求夫人存政舉之規。

本乎一誠。貫乎三德。立乎五道。行乎九經。臣將拭目而覩文武之

政再見於今日矣。

詩二房

四名　楊有涵

○○○果能此道矣雖愚必明雖柔必強

能施百倍之功者、無憂愚柔矣蓋人所以終於愚柔者、以百倍其功之未能也、果能之矣、而何明強之不可必哉、且氣質之說、果足以限人哉、使盡其功之已至、而莫覩其效之可決、則吾亦不謂諉咎於天者之爲自棄也、夫爲天所限、而能爭於天之所靳、以自生其力、則變化之機、因有排之而不與者、稟賦之薄不足爲若人憂矣、人一己百、人十己千、此道也、困勉者適於誠之道也、而卒莫之爲難、豈非以愚柔之足患哉、人之才力、可以無所不至、而狃其下以自安、亦望其柔而寡效者也、天下有愚柔之人、而必無終于

魁卷

愚柔之人獨不得能者而與之耶人之志願可以無所不為而溺于怠以為常亦習于却而不前者也天下無愚柔之人而皆患乎自愚自柔之人獨不得已者而決之耳有如不安於愚而思有以破其愚也乎與以其質之至闇與道之至微者相摩盪琢揣物其初亦多扞格之端而澀滯漸朗詩書之靈亦將啟其錮所告之以趣而知轉之闢從勞苦之餘所信相其快翼者吾患吾愚也得是道也吾不患吾愚矣不甘于柔而思有以振其柔也于是以其禀之至弱與任之至鉅若相衡存誠知微幾哉乎有鮮棄之懼而由欲叩熟道積之驗加精體其守而推之使入而堅固之操纖持

春十房

以之傚而瞰愧以肥何者吾意吾柔也操是道也吾不爲孱弱最
一事也以一明者與百愚者而審之則數撫其多而明者時有所
紐夫以一愚兼百愚之智是胥聽之見積以參互也不矜捷得之
剖而日發其蒙宇宙繁賾之區惟精吾斷以要之而天宇之潛以
炎所觸而旬通然後知自謂不能者皆相謝於其本者祇一物也
以一強者與百柔者而舉之則羣弱爲有而驕者敢精所出夫人
一代柔弁百柔之力則匯聚之任剛以于斷也不術自衛之効而禍
處于農天下久遠之種皆用吾思以持之而閱歷之難以屢所輝
而涵養因然後知自昔雖能者皆相遜於其卓者耳蓋事研于積累

則無易蔽之虞氣毀于初然。則無易衰之患、以擇而善無遺理。以誠而識有全功。而修己治人。三代之治可復、一切用其最難。則不憂制於命心用其至普。則不受繼于人。以好學而知可期。以力行而仁可近、而脩德行道。九經之化以隆、咸明必辨。斷斷乎無有愚柔之患。蓋如此。公今日者。誠取是道而由之。庶見文武之復作也。

○○○果能此道矣雖愚必明雖柔必強

十二名　黃恩錫

究擇執之效知愚柔之不足恃矣夫人之終於愚柔亦其能此道落鮮也果其能之而明與強之效不大有可必哉且生人死終錮之質而有特造物莫能牖其靈亦不盡紛靡之習而有情父師不能鼓其氣不幾於天如何忽奮哉後觀一二刻志勵行之士與兩大爭生成之偏則克於一已勝氣質之累則又信天之不能限乎人亦人之宜自決其几也人一己百人十己千此道也其孰能之人未有闘作靡有方而弗欣然生其氣然苟非自信克堅則小喜不能破久安之習即榮朝偶振究亦卒等於昏庸人亦未有知祛

墨卷

禮十

怠有術而不躍然振其靡然要非敦勉充誠則暫伸不能奪久屈之安而進銳退速終亦仍流於惰廢是皆不能于此道求之耶果其擇之先於勤而勞耳目者亦殫心思深研討者需之日用則善之端既萌所必之蒙日啓帝終讓聰識者之傲我於論果其執之先弗匱而經竭蹶者弗恤況痺矣奮勵將亦閒居諸則善之積日多而力之用不匱豈長遜相久者而慍乎其後雖愚也吾知其明矣雖柔也吾知其強矣一心於其功之弗自已艱深難致之端人將蹶嘗焉而思轉久嘗焉而愈毅者能者術交并其神所凝熟行不息相繼復任持據於國擴鮮通之不而退巡之念常生則藉以

明其得者不虞昇塞之難間有以冀其精者不憂浮惰之不振愚柔之在我正不必諱其迹而諱其紀一必於其效之有漸致從容可待之機人或卑期焉而轉塞矯飾焉而仍愚者能者得日示其志而以循徐漸臻者為程勉勵以揩於危疑險阻之交而持恆之心不散則有以闢其慧者神明以引而日出有以作其銳者精力以用而日生將明強之克成正不徒處為之迎而已實為之獲是知德物之宗不能無犯濁而要無終溺之時能者不以愚柔任之天是以須鏡之初存彌補而無負以稟賦者氣靈於彼發生人之衡不必其皆純而要有可純之理能者不以明強讓之人是以

有志之士取功有成而終竟以自勝者分權於大化人亦於此道
中求其能焉可耳寫周郛閣思哉

○○○果能此道矣　一節　　士名董元度

必明強進愚柔勵其能而策其果也夫必明必強雖愚可柔者亦知慕矣而應其道之未必果能也故欲進之以高遠難窮之詞○一旦勉焉自奮而思以踐其域○恐且什佰虛衆之才○雖不知難而自止矣○抑知天能限人以材質○不能限人以功修○功之所至○才自生覺○其效屬有自我忍之甚○而後知人之甘于自限而非天之果能篤矣○知夫果可以限人○則質既謝夫聰明○即窮探索而詎有清明之會○刻勵以圖○慮何發其聞濟矣○而孜孜不已○且有不懈反覆之煩者○則何爲也○一力未臻于堅定○即蹈嫌若而寧有從容之

魁卷

便欲皇以章聽亦循其統劈矣而齋莊偏具有不游揣据之動
者又何為也蓋已百已千固勉者求明求强之道固如此也然而
求明而未能必其明求强而未能必其强者非知此道若之鮮而
果能此道者之鮮也則誠于其懷歸之下而愧其一往莫禦之神
更于其刻屬之餘而驗其殊途同歸之無愚若自是而不求斯真
愚矣愚而不發于愚則雖一隙之明即全体之明于焉基之積少
而成多即由端以擴發撫天下猶深之與壑不足以當奮發若之
惟怵惕蓄積而逾亦猶禹不可斯之矣也已柔者退縮而不前斯
真柔矣柔而不囿于柔則堅一治之强而終身之强于焉啟之百

乎而負一日之心一已而荷千秋之任極天下重遠之途纍系延以陷溺飽者之既勤而志以倦氣亦將無不可遂之諧也已雖慝必將聯柔必至非果能此道文武克致此由此而盡人亦由此而合天神靈天覽之資哉不可計單而經者且無難益戚而處而後知志士之修能原未可遽巡而自盡而顛蹊道岸失之一已而有然由此而人存亦由此而政舉依國經野之猷視為盛烈之希覯若此無難且慕而一遇而後知象緣之遂吟原未可畏難而苟安而步趨前徽策之當身而無不足以其有志于文武之政乎尚其于擇善固執之功加之意哉

第二十冊　卷五十八

○○○果能此道矣雖愚必明雖柔必強

五名　鄭天錦

質可盡化也果確斯無難焉盡明強之不能必者以不能百倍之功耳果能之矣雖愚柔何患焉夫子為困勉者致其決也且凡人之力可以無所不至而天無權夫天則何遽無權也不見詘於識短於材者之終身無濟乎雖然此特人之自為天限耳夫惟力爭於艱難之境而不以權予天則天亦有所窮而不限人以必至者是者以有百倍其功之道在是道也為愚者柔者設也為愚者柔者之進于明強設也夫愚柔而求進於明強良不易矣人惟負質之窮下易羣論所拯謂愚可使明天下當無愚者柔可使強天

魁卷　禮十房

魁卷

下當無柔者而何以愚柔之括蹶而生也將信將疑之念陰據其意中而主持無也人惟賦質之浮游每多曲說以解謂愚縱為明其明幾何柔縱為強其強幾何圖亘議明強之生是使獨也自爲自棄之情畢謝於未事而角勝無能雖然特患其不能此道耳今夫砥礪之其功之則皆鈍者可使濯其光也枉節之材扶之則直弱者可使植其質也物者得其受疵之源則無患躐除之無術今以愚者之好是其愚柔者之深諱其柔也病癖甚耳一旦自暴其愚柔而奮然用心於此道是即愚柔欲去之驗也由所驗而堅持之而修能果不可量矣力以滌其垢蒙驕何憂志以勵其衰痿癉

禮一房

果能此道矣　　戴京曾

以能自信者不爲不可見之功也夫事之難者于人無所必之已則未有不可必者也不可必而必之所以謂之果行云爾今夫嘗試之

○不○果○字○

爲有志乎上之所不爲也蓋嘗試之爲其于功也僅焉其于能也亦僅焉矣人一能之己百之非百人之能而百己之能也未知其果不

要○果○字○○○○許○果○正○

果也人十能之己千之非千人之能而千己之能也未知其果不果

○要果字擾警快　○須○盡○同○評

然一凡人學事有于此一日而遂討他日之所爲人難近闡之深以爲

○結○且○○○態○

矣者其先有不果者也有志于己百己千者其志常在事先此非貿

○果○字○是○有○決○無○　○積○一○句○更○覺○精○采○

世之大慚而能貿世之大決者矣能有是決則亦果有是決矣凡人

百九

舉事有于此一月而追數前日之所為已亦厭棄之深以自絕者矣（山尤是人之通病）後有不果者也有志于已百已千者其志常絕事後此非用世之大悔而能用世之大憤者然能有是憤則亦果有是憤矣（六字是大關鍵）天下能信是理之必然者能信是事之必然者也恆人習于平等之說但見有一人坐進焉即深推以為功不知一人與之不足以舉吾事有相為然（此道只一最首）之人乃覺足以舉吾事也一淺一深而相形之道出焉果有是道則（先立功）必有是能以副之彼固有相為深者耳抑天下能信其勢之宜然者能信其心之宜然者也恆人昧于加厲之說有一念增加焉即共嘉以為難事不知偶然一能之備不足以舉吾緒有相為追之勢乃遂（末能二字真徹得當不可少）

陳宗師歲取進
興化府學四名 吳大成 幼童

固

國小而固，賢者先緣以為解焉。夫顓臾豈僅固已哉，第即固以觀其勢，為何如耶？蓋聞王公設險以守國，故恃陋而不修者非也。抑人聞之，都城過百雉，國之害也。不謂彈丸片壤，偏呈一屹然之形，則此際之險要在望，夫固凜然巳不可犯矣。吾今竊有懷于須臾之地，非過于百里，則區區之土亦渺乎其小矣，孤城不足以嗾距。謂墨子而寄有餘封，未及于大國，則一隅之衆亦幾乎其微矣。志不足以成滅，豈曰寇來而莫可上？而顓臾不然，蓋固甚也。公夫固不豈盡固哉？試觀紀侯大去其國，于無歸他，如杞鄫滐不知心管

亡池忽者之瘠古今來凌夷亡收未始非城郭之不完故之頓此
以蕞爾國介在我魯而墉言墉佗蓋不無大都耦國之勢焉
以視夫鄭之櫟宋之蕭衛之蒲戚何多讓與噫此顓臾之所由
伐也且以方城漢水之地尚蒙喪君之辱顓臾雖固亦□□□
然而京城不度蔓草致嘆夫難圖使顓臾之不固則亦已耳顓臾
而既固厥邊陲也或陳尸以示威或懸布以誘隙是大不利之形
將在此固矣豈若偪陽累卵竟可投機而滅于七日哉以天府四
塞之區尚來叩關之侮顓臾雖固其遂足憑乎然而曲沃益強椒
聊曾於其蕃衍使顓臾之不固亦無論耳顓臾而既固厥金湯也

或陟壘而偷堞或整兵而登陴強枝弱幹之圖即在此固矣寧如淇僻陋不難淶辰而克其三都嗟乎先王隸顓臾于魯非徒撫有衆土之謂其謂降心相從亦聊以固吾圉也乃不以固淇曾而負藉以自固焉其包藏禍心為何如耶況又實偪處此以與負爭此土也子孫其罹亡之不暇欲不取焉得乎

太師相春溆陳老夫子原評

緊快絶倫兗州梨耶并州剪耶

固　　林滋榮

曲為伐國者解似先震於其固焉夫已則謀人安能禁人之圖求首籌及此備以為師名乎意謂昔先王封建懿戚山川土田而外益以附庸豈惟令茲小邦無替厥服亦隱為大國樹之屏翰而資（先曲折勁詳下題自能分擘）以固吾圉也不意數傳而後無以張國勢而徒堅其白為謀之意（[illegible]）如所論顓臾者求思之物之相軋以摧而機即善藏苟悉氣既緊自必於形乎見之審敵者可周覽而四得其情且人之相屬以名而名特其寄縱朝夕在庭仍必於實乎觀之深識者早援圖而悉知其理顓臾何如乎蓋中城中邪吾魯凡有興築纖悉必書顓臾

幸以外臣之次。雖日夜繕完。曾不恤宗邦之築城邢城衛。盟主苟

有匡扶小大咸在顓臾又以僻陋之故雖池隍修飭。曾不勞與國

之師。求自備。眥私室以求默覘魯國一形勢既瞭如指掌矣竊覘

夫顓臾蓋國甚。夫蠢蠢有毒。尋弱原土。可輕視偪陽。累乘攻圍諸

[illegible]

國之兵。鼓邑彈丸。尚待十旬之克。顓臾亦知之矣。織束於周公之

掌奉制。不敢踰險。託於暴客之隊。而備惟其[illegible]乎有虎視

之形焉。又用矛齊師而後翻然[illegible]揚之事。處亦畧識機宜。兵鋒以

為顓臾守國者[illegible]深阻。曾勞殷

主。以三年崇國垣墉。竟俟周王之再[illegible]顓臾亦闢[illegible]於綏

壞之錯列而蠶食為難內慁於下民之侮予而綢繆孔亟殆暇
乎見盤踞之象焉大都耦國亂之本也在巳也則嘴墜之在人也姑
語〻是為之階厲之至
聽之乎夫常許之田不復汶陽之土難歸赫〻宗邦曾無自固之
原許偏自激昂作氣妙絶
術而此蕞爾者偏託我鄰蒙以自壯其聲勢自壯〻我為囊肉為
是登〻而馮〻者與都城百雉古之制也附庸之君僅當大國之
鄉風姓之裔乃並三桓之汰乎夫百乘之責頻來賦下之盟屢
巖〻太山不得負固以雄而此藐焉者偏因吾啓奄以自樹其藩
以激又將問字竟於淺
籬非其志不在小國為是言〻而往〻者與徼天之福顓臾之
為公室臣不敢與公室競而季氏危矣何也近於費也

近科小考卷擬秀　論語

射定為二係憂落筆而近於費意不呼自動中後拓得開無從

竟忘題位之遍宦頎蔥褌

固

陳宗師歲試取進仙遊縣學第二名　盧守道　密思

賢者念及其固已難爲忘情焉夫顓臾雖固亦自守其固已耳何求念及之而遂不能忘情乎若曰先王之建邦也錫之山川土田其餘以爲附庸豈惟使慎固封守已哉亦將以固吾圉耳乃不謂處我宇下弗思屏藩于公室反圖強大以自雄是彼實昧先王遺意吾安得不即其形勢之勝而爲之重念耶今者求因一言焉有懷于顓臾矣夫顓臾之在昔也扼庇宗邦猶一蕞爾以圖存焉未嘗繕完城郭而萌窺伺之懷乃顓臾之在今也設都東國欲有備以無患目前無包藏禍心而不禍然之勢是顓臾也不既有

則固矣苟預防其固安在即強大莫敵哉然蔓草猶難圖也國乎試思鬼方深阻尚函曾勞以三年崇墉言文考必保于再焉豈顓臾之固而未足繫懷耶易曰虎視眈眈其斯之謂與固齊固耳使早圖其固矣至遂強盛莫京誠然而商夫猶有[illegible]知乎試思鼓邑彈丸師勝尚待以十旬偪陽累郲城堅足禦于諸豈顓臾之固而不必關心賦詩曰碩大無朋是之謂與大都耦國亂之本也在彼也既墮之在此也頓忽之乎夫曲沃何慮晉京城將并鄭古今來以小圖大者曷嘗不因其固哉則計及鄢與[illegible]能不為之悚然者即在此固也都城百雉國之害也先王尚為不

取道今日頗能爲忘情乎。夫。渠。郎。實。殺。無。知。蕭。戚。實。出。獻。公。詒。今。來。尾。大。不。掉。者。亦。孰。非。始。基。于。固。哉。是論及齟齬。不禁一爲之湯然。者。已。奇。凶。固。也。而況近於覽。今不取。後世不爲子孫處乎。

陳大宗師原評

篇段可嘉

數典確切非同苟作　景荀燕燕諸同人評

固而近於費　田煒

固而近於費　田煒

[illegible]言敵勢之可虞若足爲費慮焉夫顓臾雖固而近何與于費哉乃

○○○○○綠○上○文○折○入○

孫子既慮其固又慮其近亦獨何哉若曰天下有不可越之分而在

○本○題○簡○峭○○　爽貼　○　爽〻精筆○絕○不○泛○不○蔑○

有不可玩之形苟身處事外而不能熟悉在彼之足畏徒拘往日之

○合○先○民○体○裁○○○○○○○○○　艮〻当○箴○作○○○

成跡哉何不玩敵于肘下也今之顓臾果何如哉夫亦猶是分封之

○○○○○○○小○比○寸具大上○印於不犬寒傖○○○○○

舊也而非昔矣不見夫形勢之勝非若荒爾之可危邪況其城郭昔

○○○○○○○○○○○○○○○○○○○○○○

地已𣕣〻乎蠶桑之可恃矣求猶是風物之邦也而又非昔矣不見

○○○○○○○○○○○○○○○○○○○○○○

夫不振之基非若孱弱之可狎耶蓋其郊圻封守已赫〻乎金湯之

○○○　點出固　作○一○折○反振而下文氣排宕

可慮矣而以爲固耶否耶雖然猶有說天下之𠀤藩捍碑據百雉以

稱雄者何限彼此僻處遐方與我邈不相屬如燕晉之各處千里隔
○驕○使○江○氏○如○出○已○筆○○
秦楚之分居于異域也則彼雖發然踏疆而越國鄙遠吾知其難矣
正 轉○奇○須○知○前○若○些○不
又何必以國為慮哉而今之顓臾固矣而且地逕相望矣固矣而且
鈴鐸相聞矣固矣而且晝聽所同非有山川跋屨之遙都邑人民之
緊 近費二比　先○疏○費○字○然○
間矣固而近於費矣夫費為公室懿親帶礪之封寔為吾魯之輔彼
○後○折○入○近○字○便 不板
顓臾何為者耶擁其攀右之勢儼然特其要關脫一旦有緩急之需
彼不且往來甚便哉費與孟叔爲互脣齒相依聊以固吾之圉彼顓
偶併近○字 同嘆 則 憂 字○意○自勿起○所○謂○徹○取○下○意○
臾何為者耶幾為版築之勤屹然臨我社稷脫一旦有不測之虞彼
○只○在○本○位○停○蓄○此　○至○點○出○而○此○愈○覺○悚○
何俟曠日持久哉一大抵國則生心在顓臾以成犄角之勢況崇墉在

又其負固而不服者予抑大抵撫則思逞後顯更久無輯睦之情寧使包藏禍心聽其覬女之在鄰也嗟乎既示人以封疆之險隘

又用冰渠法合說兩

此題出題更奇妙而實之可愛

示人以危難之機顧更同雖其全盤既失其綢繆之計又見其窺伺之形在費將何以自持苟不早為之所普悲類更得志而子孫無遺

用成語最是恰合

類矣

固遠識寫醒出而字之勢來接變直說寫極形其勢之足長有今人須刻難以相安則下文顓將而取之意不待挑逼而自見矣筆勢之雄偉古氣之噴薄真可排倒一世之豪傑

第二十冊　卷五十八

固而近於費

浙江王宗師科入　金梅
烏程三名

與固為鄰費者若為費計焉夫顓臾雖固何與於費哉乃求若自稍能忠季氏也而沾沾以近之說進若曰先王立附庸之固凡以共守邦域均撫社稷而已不可使之有負固之形也然或力係而處於邊鄙勢險而鄰於外籓則識者亦共置之未有並列域中儼然爭勝名為錫弱實擅金城如今日之顓臾者以彼錫自天王列城郭濬池誰得而覬覦之然而前此之顓臾不若是也試一環顧東蒙而維彼風姓裔已若有漸昌漸熾之具以彼受內爵侯則山川土田應得而永享之然而經界之顓臾不更是也試為覘我接

先捨固字下轉出近費

旁之島

緊句後股發總

句反吹下句　轉得跌

壞而維絲彈丸邑倫若有可攻可守之資求也不才謬膺費宰彊
弱之地勢發夜圖之主客之情形持籌審矣蓋顓臾誠固而費實
近焉費嘗手文作輔而後帶礪永存豈唯他族之為亦所以固吾
圉耳而孰意恃固而逼者之有顓臾也室廬紛錯無虞生聚之謀
城闕縈紆已裕戰攻之備設一旦顓臾之君踞蒙嶺而四望我疆
域僅頻一指顧耳此疆爾界庸區別乎於是由求輩悛傾而起曰
反半隱周　下丰士摩責蒼彩五米
強鄰蓋不遠已費及莒牟就撿以來至今不戒翳唯輔車之依庶
殘碱鳩魯宗耳而豈意憑固而臨者之有顓臾也山谿雖渺而顧
盼亦足自雄封域云微即堅守寧無長策設今日顓臾之臣據彼

固而眺覽我河山相去亦無多耳登臨覩望寧有隔乎於是我去
子揆圖而歎曰勁敵良非遠已假令顓臾不近於費則越國鄙遠
彼邦亦何便之有唯是境若比鄰將我馬疾馳無須假道兵車初
駕即可踞虎視一方蠶求攜而旅形見矣兹費也詳遂完聚而
先發制人危乎我尚竟待之乎假令費不近于顓臾則閉關自保
惡○刻○近○也○賦○之○欲○求
季氏抑又何求焉唯是地同壤界將驕更衰柝罔佛傳聞弓矢藏
糧易竊虛實僻處一隅釁未萌而亂本成矣而費也四世將微而
俟其全盛顛乎吾恐其不扶也貌爾附庸隱負滋蔓難圖之勢滋
蔡食邑從滌物無兩大之塵甚見其虎兕見國而龜玉就毀矣則

金　下論

將馬用彼相哉

曲折盡致○原評

工麗可匹六朝用藻之文獨有逸氣真雋筆也○題眼在近字

而近字從固字生出故以而字轉下而倍覺可畏者他步步逼

出近字意來計傳一

第二十冊　卷五十九

明日 癸酉

止宿之明日記者樂誌以觀也夫一日之過亦何足誌而記者以為是止宿之明日也且天下之最足動人情者其時乎時不必與人緣也而人之有意于時者并若欲以有意□□之事後追思尤令人不能去于懷也如子路于丈人始受其倨侮終與之歆洽是日也逢軌莫尋受揶揄于野老則吾道之重困者即此日也是所當極不忘也道逢驟合投交誼于田間則遇合之有緣者即此日也抑又宜特為誌也然吾所謂追之而不能去諸懷者正不在此我思百感茫茫一□□自不能□戀而頓

復初齋時文

烏烟林烟繚繞此一日最難過耳一念悠寸一輾轉如

當夫山野而遙消則旅次徬徨此一日最易轉耳亡何而明日

矣蕭條客路以來所為晨而昏昏而旦者不知閱幾時會矣乃

等此一曙亦且泊與淡其相遭而都不若蒼茫雲水之鄉〻難（長句）

嚟嚟而星耿耿者為足縈懷也則此日良可想也關津歷〻止之

處所為一而宿再而信者此後多應屈指矣乃朝〻一朝所都（原八平叅）

時與境而兩忘而偏在此綢繆雞黍之餘之露已零而夜云央（蒸）（大流）

者為足動情也則此日不容愁也彼造物者黙與推遷曰易一

局以為聖賢所置足想天地之一旋一轉皆為吾黨設也不知

初集

此一日者欲覺吾黨耶抑欲玩吾黨耶彼晝夜者迭為乘除回此一候以任斯人之運動想吾人之一作一止皆為氣化役也不知此時之子路猶視如昨日耶抑自見為明日耶

作閒慨嘆者乃失際脉矣於空虛中宕而出之後二、路略展波似淺而寔淂

明日子路行　一節

江南趙学使歲考史騏生

溧陽縣學一名

招隱者惟恐失其機迹相違而心愈殷矣夫子路行丈人亦行丈人知子路之反夫子寧不料丈人之行乎然而招隱之心于是益白也嘗謂聖賢相遇豈偶然哉（作遠郤過丈人三節）或無端之邂逅樂與同心或有意之綢繆終虛良晤此其間莫不有機焉惟聖人能不失其機故寧人與我違而我不與人絕至于機幾不失矣而卒失之此又聖人所無如何而（題前為反見句）斯世斯民之不幸也（作地步不懷其慕詠之）如子路于止宿之後可誌已昔夫子周流四方實藉以相天下士謂名山大川庶幾有異人焉不使當吾前而失之須一時晨門沮溺荷蕢者流遇之者皆子路何也吾意丈人方遇時

去之恐不速乃從容肅容若重違此夕之拳〻不可謂非有心人也
聲歎下截折入首句妙
向使子路者微言相諷告以斯人不可恝置而東周可為則翻然易
轍是未可知此誠天作之合也何寂〻然無一言以至明日且明日
何以遂行〻矣又何告〻亦徒亂人意耳乃夫子聞之而憮然也曰
隱者也蓋未嘗不惜子路之失其机而以為終不可失也大凡隱士
之果於忘世皆吾徒有以激之始不過傲爵祿以為高而遂謂落〻
者不足與共事則逝不返矣士各有志雖堯舜湯文之世豈能使泉
石之旁無行遁然其心則未嘗忘也苟就其明而可通其所蔽則雖
徃來僕〻亦所不辭勞耳況伊人其猶未遠乎既不克棄人群為吾

明清科考墨卷集

明日子路行 一節（論語） 史騏生

尊而又謂皇皇者未可以告人則長自晦矣人孰無情即箕山潁水
之遠豈能乎天壤之外耗吾身乎且其人非甚不可近也第去其樂而
轉示以可長則雖論辨諄諄要期達吾意耳況此理無煩多告乎是
雖欲不使反見也得乎斯時也吾意子路之行較前此而更迫不謂
又迴映首句
丈人之去視子路而更先回憶雞黍家風依依眙目事而其人渺不
二股意
可即鬬植杖而芸之處亦在荒煙蔓草中蓋丈人行矣夫使泛默相
思既高且能今上三句有情
與則子路既已去又安計其必告而逆知將及知其非果無識者也
更妙
且使我心匪石雖夫子何能為又何妨于再見而多此一行知其非
真忘情者也然則丈人自失夫子耳夫子何嘗失丈人哉蓋田野多

本朝直省考卷篋中集　論語

一高人遂使國家少一良佐此一告也直欲君卿共惜遺賢而不徒

此等工足賦其高韵俗人文賞之

遠永久之襟期空賦遐心之什道路且無知己安望朝廷尚有同心

此一告也寧使烟霞笑人多事而不敢委名教于州莽貽為世道之

憂此聖賢豁隱之心也夫

雖重挺及見句起議論妙處實在入首句取經之別講末句命意

之超耳若不識經營慘澹處只披其業薄棣拾香草豈清當于作

者之匠巧乎

明日子　東

明日子路行以告　行矣　　□名　李並楷

述所遇而知其隱相識微而復遇疎矣、夫子路之告夫子初不計丈人為何如人也、使反見而至則行、丈人其真隱者哉、今夫與時偕行者聖人也、而石隱者流則獨行其行又若絕人之行以為行、而令人相賞於鏘聲跡之中、卒不獲相索於物色風塵之際、蓋其志異則其迹疎、吾黨雖樂為引之、而其可望不可即也固已久矣、如丈人宿子路而復有禮若此、是殆非人情不可近乎、而斯時之子路猶未敢意丈人之行止為何如人也、志士不遑獨寐、則旅次初安、即切鷄鳴載道之想、況今日之殷勤相待者非我素心人也。萍蹤雖云適合。能無深詰朝將發之思。征人寧敢憚勞。則中夜有懷。祇此飄然長往之念。況前途之延佇。有待者。猶有吾師在也。杖履即可相依。當敬白中道淹留之故。第見明日者。子路行以告矣。而吾夫子味其語言。恍見箕山潁水之風。想其舉動。如睹漱石枕流之跡。遂不覺聞言而嘆曰。隱者也。夫君子於人也。無所合則已耳。晨門致誚於不可。荷蕢興諷於莫知。必不以機之難投者。强為話耳。若茲之隱者。其意象何在。若近若遠之間也。相對竟夕。既未嘗聞避世一言。促膝為歡。又未嘗矜高世一語。默默幽懷。此其機之大可轉矣。山中不可久留也。寧不企予望之曰。君子於人也能我知則幸耳儀邑不辭六請見楚歌猶急於下車亦惟以情之可通者樂為接引若茲之隱者其志趣何更有吾徒吾與之思也不過邂逅相遇已為一旦之知交縱使金玉爾音若結千秋之儔侶落落高風此其情之難慰然矣相知貴相知心也庶幾旦暮遇之丈人殆非人情不可近乎乃竟虛吾夫子反見之使也則曷以慰蓋知其必至而重與之周旋是為世中人也我心匪石我心匪席丈人籌之熟矣挾雞意以招幽人將山深林密之中寧復有風雨之知已乎避於未至斯概絕我見聞乃真世外人也南山之南北山之北文人訪之早矣承師命而款舊好將兼蒼露白之際

寧復邀宛在之伊人乎蓋至是而丈人之非人情不可近者固已倏然遠矣行矣自子路行告時已逆料其必至矣鳥已翔於寥廓而羅者視乎藪澤隱士所竊笑也何離心之可同乃遠逝以自疏吾黨所深悲也烏得不發其前日未盡之言明其今日反見之意而使隱者之不終於隱哉

幽谷芳蘭別饒香韻

明日子路　行矣

何天休

隱士之奇踪，可繼述而不可再見也。夫子路以丈人告夫子，不過述止宿間事耳，然而夫子則有心于招隱者也，隱者果堪再見哉。嘗思春秋間多隱君子，大抵名可得而聞，身不可得而見者也。乃有亦既見止，一如其所未見，而欲招之使來者，不啻麾之使去，此其落落孤踪，殊不可測，然後嘆遺世者之心之終難挽也。止宿之夜，丈人遇子路甚厚，與子路言笑自若，絕無引避意。斯時也，覿面綢繆，竟若相見之恨晚，中宵款洽，幾忘遠遯之為高，而子路于拱立時，已心異其為人，及至其室，又見其彬彬有禮如是，當必窃嘆

文人為何如人欲與之晨夕盤桓不忍去者雖然子路所廹欲見
者夫子也其勢不能以夕留蓋自至文人之室越明日而子路行
矣嗟夫此一行也其欲見夫子也所不待言其欲見夫子而卒得
見夫子也更不必言獨是為子路者廻思曩者雞黍田家依依昨
日事以彼其人遇我厚殊難恝也抑又思之其人道貌古禮數爛
閒中影下
必非尋常人所可及我既與之謀面藉令他日者欲敦繼見之歡
二節春秀天然
諒其人必不引避我也于是見夫子一一為夫子告微夫子言子
振了起
路亦疑為隱者也今夫夫子固欲挽隱者之踪者也竊嘗見耦耕
沮溺堅癖性成若輩殊不可挽矣一旦有與吾徒覿面綢繆中宵

歟洽此其人猶為人情可近何難引為同調使吾徒勸駕中田有
廬所謂伊人在彼一方其呼之欲出乎爰命子路循曩日誌道至
章法一線
丈人之室親見其人而孰知丈人者引而避之其先子路而行也
于影未納入全題堆塚化作烟雲繚繞
固已久矣其在丈人逆料子路之行而必告告而必反見我隱者
也可一見而不可再見田家之風景不欲與用世者輒親也然而
子路于此竊其戶而閒如忽訝斯人何往行其庭而不見空嗟之
情景兩勝不徒貌上法密
子云徂猶憶止宿之明日也我欲行而彼猶依依不忍別何又昔
之厚而今之薄也毋乃與所告大相剌謬乎要之至者自至行者
自行也既不與人以可親復不與人以可即者隱者之行也孰所

是而不變履其素而不易者隱者之情也吾謂得子路之告而丈人之名以傳有反見之使而丈人之身愈晦詩有之無金玉爾音而有遯心易曰介如石焉寧用終日其丈人之謂乎丈人真隱者遯學嫌諱哉

胸中自具一邱壑筆下自闢一町畦吸露餐霞不帶人間烟火氣

趙錫蕃

明日子路　行矣

六名　林聰

聖賢皆不忘乎隱者求之而其迹終遁矣蓋子路明日之去亦必
擬文人之為隱者而特來有以招之也反見之使胡行者竟與至
者在我且聖賢有不容已于斯世之心即皆不能忘乎避世之人（大有氣鼓鑄北可想矣）
而要其所共為流連者雖極綣戀終難挽既去之孤踪而使
之一轉是故高風可從來遠人門所幽跡莫尋轉成往事豈遐心
乎空谷亦徒嘆爾音之金玉而已雞黍延賓二子前薦夫人之所
以待子路者貌猶可窺而行未從隔其迹不終絕人者机乎頓吾（莫以使）
独異乎止宿之後路何以不聞勸駕之辭而竟為明日之行也

田家之風豈晉真永夕話言應通情欵念伊人之飢寒而古處可
首乎底列詞亦想歸吮苦嘗甘平鐵倒藉適
敦寧不待見脂車共賦偕行于道在厥出處之志趣各殊偶尔
周旋同神契景物外之高標而幽情难挽亦惟是詰朔命駕卿
述行止于前途子路之行已告當亦懸意丈人為隱遁中人而招
不出者也何夫子既決其為隱者而復使子路反見之哉今夫
并路到行義
生民禍係之端吾党任其責而不欲私其理故行蹤偶值而急起
隱士出字
相逍方鄉因告者以挽其轍而宇宙莫解之故隱者有所藏而不
嘗無所明薦枯槁性成掉決然捨去邊已先至者而秘其蹤而晉
于以知反見之使情殊深也人情告語之際每緣素習而易通以

子路追述昔遊而田舍言欢倫深款洽今訴所告殊不類尋常農家流也(心會)即彼相待之殷示我相通之志未免有情(的是丈人身分)安知彼湖肰長逝者不且賁肰來思耶夫曩者沮溺已往猶憾肰致太息之詞則(傲然有遺世之韻)偕介紹于吾徒而信宿可追能無倍極其殷勤欵而吾盍以覆來人之行心愈恝也人世栖遲之侶豈必洗耳而后高況子路嘖責來遊而一夕之淹留適素饋(賢上啓下意)今訴戾止何必不重修賓主欢也乃良覿方傳于函丈而芳蹤倏隔于雲山去此安之將所謂幽人之貞竟為此絕物之甚耶夫昔者接與趨辟嘗慢聲于下車之言而(處肰決絕)通情愫于山家彼風景不殊而亦倘此鮮声欵蓋惟賢者之情無

異于聖人之情而隱者之心○究殊于聖人之心此子與子路所以不忘丈人○而丈人率忘斯世也○夫君臣之義○而亦可忘乎哉○

紆餘卑辭叢興纖靡○非骨珊珊風流自賞　徐敬軒

明日子路　隱者也

莊李院歲試沙縣一等五名　林維秀稟

賢者述所遇以告，宜聖人心異其人焉。夫子路之告夫子
丈人為何如人也。夫子聞之而嘆其為隱者焉，殆相遇疎而相識已
微哉。昔吾夫子抱道在躬，曰率其徒以栖遑道路，其所深相告語
者，大約皆有心用世之士，而不若隱之流，久已淡漠置之矣。乃有偶
然相遭而語極其詳，且札極其恭者，在賢者初莫辨其何心而還
述之，下聖人早有以識其品而不覺為之深嘆也。豈知此一人尤貴子
路而復有札以宿子路如此斯時也。悵欲行之御從怳有此之莫
告意，惟是假茲一宿以坐待明日耳，何暇計其人為何如哉。志

試草

試草

士豈甘獨寐則桃葦初妥即切雞鳴戒道之想況今日之殷勤禮
待者非我素心人也萍蹤雖云適合能無深語朝將發之思征人
淨悍鞅掌則中夜不遑祗此飄然晨征之念況當前之延佇遄待
者猶有吾師在也晉接歷在心目益歷其詳述告語之情第見明
日者子路行矣其述以告夫子也烏容已或人苟流品可以共語
矣必取已往之言陳述而欲白乃丈人之言皆若從閱歷而得者
也年歷言行與正未歆目為泛常之夫人苟行事可以共知
閱歷來節得雖
何必奪所將之行跡急而欲陳乃丈人之言皆皆以名言而出之
也前為倨而後為恭殊殊賤視為力穡之儔子路之矣是告也誠

不識丈人為何如人矣而吾夫子味其談吐恍然如見箕山潁水之跡想其舉動悠然若接漱石枕流之致遂不能贊言而笑只乎所謂隱者也濟世匡王斯人何必無其才而忍以閑閑泄泄者為一身托迹之區若居川觀斯人幾不欲明言而試從躬耕自樂之況想立意之攸存吾知其甘心于泯泯者為已多矣抑以彼激斯人亦未嘗無其具而忍以林密山深者為一己謝責之端也匿跡銷声斯人諒不求再見而試由室家相親之景憶孤寄之淵衷吾知其與世長辭者為已決矣要之子路救世之深心嘗視聖人為矩步故雖岐途之閲歷亦且語焉而必詳所丈人清閒之味況

畢與斯世為隔膜，即令幽然于物表，祇成方外之逍遙。不意夫子竟使子路反見之也。丈人其終忍于隱焉否耶。

文氣清亮，筆情縹緲。原評

二〇〇 明日子路　隱者也　　莊李院歲試[illegible]　考一等第一名　翁在瀚

述其宿者，异其人，明為隱而特为情焉。夫世急需人也，丈人[illegible]

隱哉。故夫子於明日之告，明示之，而情已[illegible]矣。止人之一知[illegible]

見隱而逸，見者欲有為於世，隱者欲逃名於時。顧决於忘世者，必

演於世情，沿於形情，存著名遠之時，一情未可遯定，其以人有

心知一不取而賞其人，則必遁矣。一丈人之毅乎？子路也從子路，畢是

書

狀下

其人也。然而未敢遽定也。未幾，明日矣。子路行矣，借是途[illegible]

林泉殊可記也。倘而念之，[illegible]之夜勤，[illegible]，[illegible]邂逅[illegible]壁也

此一言以相識也。告之夫子，庶知風塵之外，別有離人，而[illegible]崇拒

人、都幾使人莫測其用意之何存將前路而追尋田舍離未遠也
迴而悵之歟待之際秋：有儀終不儆淇原淇福漫歌風而相訝
也告之夫子庶知隴畝之中自有出世而仍如入世者幾使人莫
接其居身之何遊予曰夫蓧之：也而豈勤四體將乎誰實迫之使丈
股肱於朝而胼胝於野耶抑亦分五穀者乎誰實驅之使不甘生
懷爵而稼穡維寶耶抑試取其所寄之地所思之桑麻彌望籬落
閒寂者幽棲者居也彼不知比閭族黨鄰吾同室而獨於山巔
水濱自樂其居矣何為者有如之人或終自樂其居或不絕朋儕
其居是知可知也以伐取其所供之食而思之一雞一黍斷於大

其若此既老之飽也彼不知已溺已飢猶我思存而獨於耕雲幽
而冉加其食忍何為者乃如之人或終自力其食或不終自出其
食是未可知也由試取其所見之子而思之拜客道名黍雞勸飽
者此隱者之子也彼不知保民如赤情雖愬然而獨於負薪行饁
自子其子是何為者乃如之人或終自子其子或不終自子其子
是未可知也度彼有生之初寧遂有隱而不出之意必有不隱之
無以自全者然後甘隱此中也然中不可以久居隱者之耳其子
獲聞此言亦已久矣即彼遇子之頃寧遂忘隱而不出之樂人有
不隱而恐終無益者然後既之心不欲変也始既之時誰能賦之

明日

者之心無有以相啓其錮益深矣夫子之曉子路者如此迨至友

見而不遇而晚者其晚矣不知後此子路之復告于夫子吾夫子

將何以為情也亦惟黯然神傷而已

鑄局標新筆更遒逸

曲折赴題
牟尼一串

筆情淵[illegible]

明日子路行以告子曰隱者也使子路反見之至則行矣

陳士玉

述所遇而知其人而隱者已不可復識矣夫丈人終於隱者也子路以告而使之反見子其有招隱之思乎其如不可復遇何哉且斯人吾與之思聖與賢均不敢忘情於世而石隱者流其生平之不願掛人齒頰者無不可率一意以孤行蓋意趣既弗與人同斯蹤跡亦弗與人近以不相為謀之侶更欲通其接引之情縱惓惓者弗憚其煩亦未必不終廬所往矣日者丈人於子路始則其而繼又甚恭是其諷征人況瘁似不忘避世初衷而効永夕如

本卷　乾隆戊子科

虛虛輕擊舉止大方

二比反挾題尾正注題首夾猶往復法爭上流

筋節玲瓏

縱筆提頓氣勢開張

中權控扼全題議論

尚不至拒人已甚丈人殆未免有情而非長從此隱者乎乃未而明日矣子路其能已於行哉執轡不辭勞豈得以泌衡況味此洒皇故款洽何心而離憂欲訴憶中宵之繾綣竊訝伊人宛無端而結成傾蓋之歡闊河曾幾邇詎願以聚首庭闈弛茲擔負故徬徨問夜而稅駕詰朝念昔睨之殷勤猶幸函丈非遙太息而共寫考槃之致以告夫子子路殆心異之而知其有隱者風乎且夫趨向各殊斯人所以有沉淪之習也而同羣是念聖人不能無汲引之思也桃石漱流之風大抵皆有激而成遂以逃名自標其而尚夫斯世斯民之責一日無可息肩使袖手旁觀祇以長白匿

明日子路行以告子曰隱者也使子路反見之至則行矣　陳士玉

彎皇力大於身

雙管齊下停蓄闊深

含毫邈然

俯仰興懷情文並茂

者供烟霞之嘯傲將所為共濟者何資矣思邂逅之淹留投熱者當非無情之輩則撓駕以徐圖易轍而其機之尚有可轉者詎其志之不可終移銷聲匿跡之倫大都皆執迷莫破遂以絕人自示其堅貞夫求志達道之故一息惡能去懷倘高蹈遠引祗以望若浼者耽泉石之孤踪將所為避人者曷極乎緬寄懷於落寞固款者初無聞達之求而往復以重致餘情則期之既有甚殷者寧至避之惟憂不速知其隱而使反見子之心滋戚子之念彌殷矣孰知子路未至而丈人已行哉蓋其幽遐之性久不於儔類内證歷同心故告者恒慼慼而靡寧而行者已閒閒而自適無心可得而

溥沽自然

收束全題
精神完密

硃卷　乾隆戊子科

遇奇意不可得而求也抗意遐征之際若逆料乎後此尋蹤之擾而早去之以翊其先見之明抑其退處之懷更不於人世間留其孤貧故告者已少遲留之候而行者亦無濡滯之期邂逅可從而覯謦欬不可從而繼也遺世獨立之意直豫籌於分岐握手之時而遠遁焉以善其藏身之固反見之而不復遇丈人其以隱終矣前言猶在而當境已非奉命方殷而其人甚遠此日之子路悵然者久之幾無以復我夫子也然而有心當世者於此不能忘情矣

本房加批

風情綿邈逸興遄飛想其濆筆淋漓費幾許心花結撰

渾成一片　筆靈若輕

軒朗

明日子路行以告子曰隱者也使子路反見之至則行矣

陳登斗

聖賢均有心於隱士而行與至終相左矣夫明日之告反見之使子與子路均有心於丈人也乃丈人之行與至者終相左不誠為隱者哉嘗思避世之人所以異於濟世之士者往往留其情而予人以難愬究不能留其跡而予人以可親夫當其情有可述在吾黨詎忍淡漠以相遭而及其跡有所違在高人偏若見幾而早避然後嘆無心之晉接徒勞有意之低徊而接引維勤竟至挽回弗及也殊令人為之慨然矣如丈人之諷子路而復止宿也永夕之

伏下敏捷挑起反見及隱者句俱大方

又頭首句全題俱動

雋永

兩層齊且

綢繆在丈人不作引避之想而一時之因倚在子路豈爲苟且之投但未令夫子一見而決其為何如人耳此則有不能釋然於中者宇宙之作合何常豈以偶爾周旋必追述以詳其品第以形若不同於枯槁而其意殊有類於幽貞倘交臂而失之將他日劔佩重臨何以攄幽情而直追夙契吾人之遇合有幾正以倏然酬對必歷遡以辨其人況乎語若無觧於孤高而其情轉有深於世務惟詳觀而識之庶異時萍蹤再結自可話舊好而並許交遊此明日之行子路所以不能已於告乎今夫可告而即可明者隱者之情狀則固初終之莫掩也而可親而究不可即者隱者之行止則

亦束上起下挺要爭　緊湊　善用縱筆不傷徑直

前後之趣殊也夫使觀時有識而與吾待共悲憫之衷則既悉其生平又何勞於勸駕而我懷欲吐固可於既行既告之後復尋芳躅於田間惟其與世長辭而以儀羽樹風節之峻則欲回其堅癖究難挽其行踪而肥遯自甘何必於既行既告之餘再訪幽芳於野老乃不謂反見之使夫子之意則殷然而先見之明丈人之踪則杳然矣烟霞之矢志既堅豈偶接以情文遂可邀其共濟則挾微言以相贈而欲以用行之志易逃世之思諒吾黨亦早見其難耳第人情恒苦於不相接惟子路之執禮甚恭而丈人之用情維篤假令匪石可轉安知曩日之欵待良殷省而此日之綢繆不

硃卷　東登戊子科　二

說得賢豪心事出

見解超卓

靈轉

筆[illegible]

更摯乎則旋歸而復命駕反見之使諒亦子路所樂聞也而何意丈人之終為予遁也歟衡泌之棲遲既久豈早忘於圭組復塵念乎匡時則執一意以孤行而欲以洗耳之風雜塵寰之響諒亦丈人所深不願耳第人情恒苦於不見幾使子路之車轍已往而丈人之蹤跡猶留藉令有客頻來安知入室而從接其人者不至閉言而轉易其素乎則遠引而避征人丈人之行知非夫子所能測也而子路於此又何以為情也哉蓋在子路明日之告非徒循問訊之文意將以數語之表明定幽人之行經庶聖懷有感可因既覯而再訪其芳蹤而在丈人此日之行已早識勞人之意故當夫

征車之後至托遠舉之高標庶出處不囿可對高賢而直行其素志要之子路之至丈人雖行而長幼數言則已常昭於千古矣此明日之告反見之使所以相傳不朽歟

本房加批

掎抑摧藏風流俶儻字裏行間有一唱一歎之致昔人云孟浩然詩讀之作笙簧之響是也

第二十冊　卷五十九

健筆凌霄沛乎莫禦
提挈老手操縱自如

〇〇〇明日子路行以告子曰隱者也使子路反見之至則行矣

張彬

隱者之事可述隱者之踪莫即矣夫因告而使之反見固欲爲隱者挽其踪也然而丈人已行矣子路其何以爲心耶且從來局外之棲遲無足通局中之痌瘝而有心之投契偏難動無心之聽聞此亦事之無可如何者也乃迷途可返或者憬悟有機而絕俗爲高終覺行踪莫定則相望殷而相遇疎幾使聖賢急欲自之心無以自明於天下吾於丈人之待子路見之夫丈人而有心者歟則邂逅訂知音可也何始也掊之以微辭丈人而無情者歟則飄然

硃卷　乾隆戊子科　一

高渾

清迻繚曲　濯濯出塵

二比領起　全神極舒　徐容與之致

妥

而遠引亦可也胡繼也復接之以禮貌何去何從優游自適非潛非見成見無存以人其殆樂與人遠而又樂與人近也蓋不待明日之行而子路已欲告夫子矣夫天下有意之繆綢賢者已默喻其不言之隱而斯世無因之贈答至人偏深致其相與之情當勞人况瘁之餘置塵闠市久歎知我之難逢乃託業雖在田間而置身已超物外此其人非僅農家者流也緬想風之可接而伊人宛在告語應觸遐思際風塵跋涉之日車殆馬煩幾索解人而不得乃栖栖幾遍寰區而閒閑偏在隴畝此其人甘心肥遯者類也倘堅貞之可化而悃愫堪陳相對自深同調微夫子言子路固知丈

[illegible]九
[illegible]手

舒徐劇蔚
機趣洋溢

辭意欵曲
高處正在
近情

重頓隱者
得古

人之爲隱者哉而夫子於此遂怦怦有動也抱無窮之隱願原難遍示之羣倫惟是機有可轉則不得以澹泊相遭致傷同羣之素志以丈人之食力畎畝倘未免有情終難恝置安知不可引爲同心者也則彼推而遠之我引而近之丈人雖隱遁自高亦不容拒人太甚耳懷濟時之深心原欲共伸此素抱况夫勢有可挽又何必置諸度外莫易孤高之本懷使丈人克幡然改悟則片詞酬答自懷心賞安在不可共爲把臂者也故以旁觀之啓迪爲當途之物色丈人雖高尚其志諒亦不我遐棄耳反見之使夫子之爲隱者計者深也孰知丈人固知之早而行之决矣情以一往而彌深

硃卷　乾隆戊子科　二

明日子路行以告子曰隱者也使子路反見之至則行矣　張彬

宕逸肖神
遯他隱者
本色

妙語耐人
咀味

則無端之圖度終難易其隱居求志之恒故降心相就丈人豈必
無心而世途中多一惓戀者樂澗間即少一寛閒亦惟倏爾長征
自成其獨往獨來之概此亦反見者所念不到此者矣既況淪而
不返舉人世之遭逢總難變其潁水箕山之志故盱衡時勢丈人
詎獨無情而欲人之喻已意者即不欲喻人之意夫且屢遷其轍
自泯其入山入林之跡此又使反見者所聞而心愴者矣丈人之
行也亦適成其爲隱者而已乃知聖賢之惓懷彌切不憚以再四
躊躇動幽人之傾耳隱者之踪跡無定更欲以堅貞意氣易濟世
之深心丈人眞高隱哉

大主考原批
文情濃緻細膩風光
本房加批
認定主峰逐層布置氣充詞暢體大思精自是斟酌飽滿之作

硃卷　乾隆戊子科

三

明日子路　行矣

張奮南　六十三名

因告而使反見而隱者終隱矣夫明日之告子路早知丈人之為隱也子以隱目之而使反見亦曰毋聽其終隱焉耳詎知行者在至者先哉嘗思泉石有遯心其孤標之不欲掛人齒頰也久矣顧在彼雖若不與人近而有心者已默為識之樂為道之且有以觸

全題上二筆直注有古大家風軌

大聖人濟世之本懷而殷然作勸駕之思特無如室邇人遐偏若去焉若逸也昔丈人之待子路前若倨而後甚恭斯時也邂逅相

反映末句

逢在丈人不必遽作避人之想而言歡永夕在子路早已緬惡避

折落題首清老

世之踪所恨不得急見夫子一決其為人也則試觀之于明日想

轍環所至恒黙與夫斯人吾與或為夫子稍弛其擔荷乃倏與相
遭竟有人焉禮脩詞嚴顯示我以有情之酬對則景若規于空谷
頓首句情致
纏綿
安禁事後之追維且利濟情殷每慨念夫匿跡為高輙為夫子益
深其悲憫乃無端遭值偏有人焉神閒意遠隱諷我以世外之逍
遙則寄想像于伊人自有無窮之嘆惜子路之行以告蓋心焉異
驅駕不落平衍
重提隱者鍊字精
之豈必待夫子論定而始信其為隱者哉且夫隱者之情無不与
神靈結
人以共見而隱者之迹又若予人以難知大抵棲皇之隱念一觸
以寥落之高蹤倍难自遣故夫身之所遇即藉口以傳而耳之所
聞即馳神以往也念爾時殷勤相告子路固已顯道其由來自夫

子論之幾幾乎田野間有此人亦田野間僅有此人而尼山垂定評逸情于以衆著也吾謂丈人宜不樂居其名矣抑凡草茅之嘯傲忽雜以風塵之轍迹似屬難容第以周旋在昔業已覿面之有時斯繼見為期庶幾尔音之不闕也（緊注末句反面）夫當日告語詳明子路固嘗親承其芳躅自夫子思之幾幾乎山林中有此人即山林中多此（語妙絕倫）一人而周遊邀共濟遁思或可徐轉乎不謂丈人固已決計于先（簡鍊）矣使反見之而至與行適相左也奈之何哉蓋其志堅則其行自僻蒹葭秋水別有遥情縱招隱有心總难挽其與世長辭之概所（婉轉歌聲索珠）以告者皇然聞者愀然而行者自爾適然也此固丈人之所以匿

其迹也其趣殊則其情不決泌水衡門自饒深賞而高懷獨寄遂爾作其飄然遠引之思所以使者甚殷行者自淡而至者終屬徒勞也此亦子路之所以窮于遇也然而救世有心聖賢同切吾徒可與勸勉弥殷如丈人者安可聽其終隱哉宜子路不能黙然已也

以子路作收直接去路

英姿颯爽轉戰轉酣其鍊局鍊辭胸中自具鑪錘迥別尋常結

倘張黙濃

明日子路

馮明玠

記止宿之明日可想見賢者之心焉蓋從夫子遊者未嘗一刻不為天下也則夫止宿之明日其心且得晏然乎且夫天生聖賢以為斯世救擔荷之責未釋而接引之心無窮見丈人而隱者子路輒低徊留之要之亦甚不得已矣宇宙中多一人處即少一人出不謂沮溺

先出子路再出明日扣住題面

之後更是一人也田野間多一日周旋即少一日經濟不謂止宿之後更是一日也前途非遠正念行路之難而回首已成往日矣中夜

未寫朝景先寫夜景文情妙絶

奇見此夕不遑假寐

無聊忽思征邁之易而起視又為明日矣可憐哉天步方艱壯心不

明日字用情筆語焉意切

已出入閭裡之居諸即志士此中之日月而作止何以過也子路之

心歟（音陰餘）不知何如迫也可懼哉流光已逝風顛不酬百年靡易盡之歲（可作惜）月一日亦有用之光陰則明日不容緩也子路之心更未知何以沒（吸起）也（今夫人子路做明日二字）蓋吾身既為寰中之人則一生斷無局外之日此一日也不行義即求志（竹杏方見諸意）而不然者滌泄師游耳其能甘心于畎畝也哉身世間若空度一日則天地內亦虛生是人此一日也不在朝策勲即在野招隱而不然者窮途道逢耳其能安志于偃蹇也哉乃知四體惟勤此曹原無閒意（此又用開閣陪襯之筆）然由壯及老亦半為烟霞泉石之銷沉故止宿之明日丈人一丘一壑之日也寸陰是惜我輩別有苦心況自朝至暮又倍有事業功名之籌盡故止宿之明日子路斯世斯民之日也往日之宿（以昨日）

爲（總明日下路後補出丈人與起處一一根筆法）天下宿遇一人則接引一人而已矣明日之行爲天下行在一日則擔荷一日而已矣故曰記此宿之明日可想見賢者之心也

調警意悲此祖劉從半所聞雞聲也能使披衣起舞矣兩來勵志詩又反指隱詩四字不可連讀明日是丈人子路公共的子路此日去丈人此日還各有情景畫斷明日而以丈人陪子路意思便爾生發不窮

明日子　馮

明日子路行以告　戴繼

賢者急於往告，心有異乎其人也。夫子路之遇丈人，誠足異也。明日之告，其能已哉。且聖賢當道途失次之際，其倉卒之遭逢，誠有不堪告語者也。然而其人可異，則為之述其人；其事可思，則為之詳其事。急于往見之心，雖欲少緩而不可得。夫而後賢人以身歷之者，聖人乃以心遇之也。如子路遇丈人而有止宿一事，斯時也，雞黍為灌丈人之款洽于子路者，亦已勤矣。而子路之壯懷，終不能為丈人告也。二子是見丈人之晉接夫子路者，亦已至矣。而丈人之素心，亦不欲為子路告也。子路於此思夫子之行踪，覩丈人之舉止，以及酬酢問答之間無一不悠然可念黯然可傷也殆有輾轉中宵坐以待旦者乎乃未發而明日矣是明日也在丈人視之則以為或耘或耔之日（人惜明日明日再）在子路視之則以為載馳載驅之日在丈人視之則以為父子燕樂之日在子路視之則以為師弟追隨之日而況途路傍徨不幸而有昨日至明日而更何所待也（人惜明日明日再）賓主酬接不得已而有昨日至明日而更何可緩也子路于此行矣乎行矣斯時子路之所迫欲見者惟夫子而夫子之所迫欲見者亦惟子路夫子之所躊躇而不能釋者止有一子路而子路之倉皇而急欲白者更有一丈人于是告其操作（主闕告其）之業而儼然有一丈人之舉動在于夫子之目前也（隱者何已到言下）告其切責之詞

恍然有一丈人之行止入于夫子之意中也嘗其款接之情不啻親造其室廬而如覩丈人之周旋笑語也蓋夫子之心乎斯也一往而靡有已矣自有子路之告而知風塵鞅掌之外乃有如丈人之行事此夫子之所不堪聽也（又借吾字調還夫子下文）抑夫子之念切斯民當世其莫有懸矣自有子路之告而知山林隴畝之中更有如丈人之品概此夫子之所不為忍置也則在丈人雖以為不識夫子而夫子則固深知丈人也謂非隱者而何

此逐字挨出挨講法也題本圓圖挨講則零星矣題本散碎挨講則連綴矣不是貶貶四項上文正是句句逗出夫子下文形[illegible]

天蓋樓偶評 下論 癸

明日子路　行矣　饒用

聖賢不忘情於隱者，早為隱者所料也。夫明日之告子路在丈人意中，反見之使夫子非出丈人意外也。至則已行，斯真隱者哉。且吾黨抱不忍忘世之心，故一遇高人逸士，聖若賢均惓惓莫釋，而石隱自甘者，若逆知焉而預為之防。（金鑑在握）夫世外奇踪，賢者不能然而息，聖人必欲挽其趨。究之吾黨有深心，益徵幽人有遠志。懸擬其必然而先自成其高蹈，幾噗察幾暇而決計早也。一雞黍之食，二子之見丈人何彬彬也。（呼吸全神經）豈不以今日者道旁之偶遇尚無心，何遽以邈爾羊標遠跡，過客隴畔之相遭非有意，正可以田間境況示彼（營匠心泉流風發）

勞人斯夕也斯景也夫子尚求之知丈人初不明言子路於此實有大難忘情者未幾而明日矣今夫閒曠者流未有漫與人接而（正乃挽一段有展法天演倒）此後漠然不懸維其情事以謀自處者也（逸滄海之勢）于是乎既見之子路與所求見之夫子乃一一懸於丈人心目間矣永夕之綢繆類不似尋常舉止念彼中宵展轉諒有追不及待者思欲告語於追隨則當淩晨別去早舉昔日之款洽語言懸誌於出門就道之頃知前（上三句從大人心目中看出絕不承題手法高絕）途聚首斷難默默以無言周流之隱頗諒猶是援引初心思厥闕鳳停車遂切殷然共濟者轉欲中途而勸駕則當師弟款陳應舉半生之孤蹤遠引畢露于片言有精之餘知此際閑情不禁諄諄

有後命乙此皆丈人於子路既行之後懸推其情事有必如是者（懸○上○開○鍵）也無何子路果行見夫子而不能已於告矣身親其境而心異其人夙款猶新遂覺數陳之甚悉無何夫子果明其為隱者而仍不（點○過）能已於反見之使矣迹不相謀而機惟善轉溯洄來遠豈謂繼見（落○尾○句○仍○帶○頂○句○筋○節○供○緊）之無緣由是向也自丈人之家而行者今復向丈人之家而至矣然而丈人固欲以隱終者也絕人遺物以來落寞之風期可偶與人親不可常與世接以子路遂窮日暮正欲耤寬閒戢月挽蹷〻靡騁之踪顧局外方歌偕隱而局中轉占彙征斯固丈人所前期（倒○繞○上○文○精○神○百○倍）逆料者也待旦言辭述殷勤之已事褰裳復濟援意旨於先生此

日之客去重來豈猶是躑躅道旁屬無心之遇合倣廬尚堪戀乎行其庭閒其無人翻覺惕夕之際機殊暇耳棄世逃名以後遯焉之情性可使我動人不可使人移我以吾子馬縻車馳且欲托避逌生徒諷僕僕長征之駕顧出世思招之來而入世轉迫之去斯又丈人所先事自詠者也詰朝爰別道信宿之殷情執贄雖堅入招徠之夙抱此日之賓行忽返已不復倉皇隴畔非有意之邂逅半畝猶思栖乎其室邇其人甚遠始嘆幽人之決計何早耳噫行矣是行也子路不之疑夫子未及料而惟丈人則於明日既行之後懸推其情事有必如是者夫是以行之速也蓋丈人固欲以隱

筆收意

再洛收意局勢如鑄巧力俱絕

終者也雖亦其如君臣之義何

駁題有法生面獨開 戈芥舟師

以末句作主運化全題無一語拋荒無一筆呆叙虛實相生首尾一氣通局乃如生鐵鑄成杼柚予懷風裁峻整斯為大雅不群 王春溶師

明日子路行　行矣　　十名　謝春暉

因所告而欲挽其趨、安於隱者已先為避矣、蓋子路與夫子、惟不甘以隱自處、故於丈人而欲挽之也、丈人何自以為是歟、昔子路日從夫子遊、久欲得一同心共濟者而莫與應矣。乃撫往事而流連、聞風幾為神往。溯故人而晤語、遠引偏燭幾先、相須殷而相遇終疎、其人固超然遠也、而聖賢之用心已苦矣、如丈人之止子路宿而厚之也、丈人非忘情者也、而惜也、子路未獲與夫子相隨、戾止一識其人為可憾耳、一生之遇合何期、而邂逅田間、若成知己則巷遇未占、縶維可咏、中宵輾轉、能無動風塵物色之思、世外之

魁墨　　五十七

風標自峻而聲欻乍通竟同投契則陰異其行莫定其人事後追思得不生空谷足音之感未幾而明日矣子路因行以告矣迹亦類沮溺所爲殊異問津之誚情亦等石門一宿未聞關吏之譏此其人殆非耕雲鋤雨者流也心寫心儀豈徒嘆主人之情重歟而夫子果曰隱者也天倫獨居樂事可知用世無心托跡雖在烟霞猶未拒人已甚此其人非僅匿采銷聲者類也伊人宛在夫固可溯洄而溯從者矣反見之使夫子其能已乎夫意氣之感聖賢所樂道也汲引之權非士君子所得操也而棲皇道左之事又丈人亦念不至此者也然天下無滯而不轉之機而迎其機以導之則

彼之新機可引丈人何甘心隴畝乎夫用舍行藏之理變而通之存乎人苟誠念此中有莫逃之責亦可知一手一足之勞無關至計也得一人焉以通之而隱者庶不終於隱矣而斯人有堅不可破之見即欲出所見以參之而彼之故見難捐夫子固接引維殷矣第身世周旋之致拘而泥焉則不化彼既久不作廊廟之思宜薄夫從師遠遊之徒爲多事也雖有人焉以誘之而隱者終安于隱矣至則行矣向也作合無心不妨敦永夕之好今也各行其是何煩諜繼見之惟若遲疑不去竊恐以不入耳之言來相勸勉殊未免費予辭也而何如置身局外歟此也去而復還爲助予而呼

將伯彼也合而他遣畏同人而預出門荀昨夕淹留即本此素閒
之訓相爲投贈夫將何辭以對也而今日之去又何之矣盖聞聞
見見之中不乏聲應氣求之雅而共商出處豈必如下車引辟自
率其伴狂遯世之常惟山高水長之外別與課晴問雨爲儔斯重
顧庭除几難問早夜綢繆忽已作淡泊相遭之想丈人真隱者乎
風水相遭瀠洄綺縠

明日子路行　行矣

三名 龔景瀚

聖賢皆有意於隱士而隱士終隱矣夫子路之告夫子之使見皆高其隱而不欲其終隱者也丈人之行其未諒聖賢之心哉昔吾夫子與門弟子周流四方所遇有異人無不心焉識之凡以物色天下士爲世用也然而用世之事類難望之避世之人苟其人可與語矣又往〻深自避匿不可得以言語動如丈人者深足慨也夫丈人者有心於斯世耶則曷不立談握手傾蓋吾徒無心於斯世耶則曷不匿跡銷聲忘情過客乃植杖數語儼然避人絕俗之流而止宿一時又依然賓主應酬之雅斯何爲者耶維特子路固

心焉異之。明日而行。行而以告。亦曰是天下有心人不可失也夫。子聞之爲太息。已東西南北之身。未嘗以一日邱園少享優游之樂。夫寧無庭闈聚首之歡。而乃爲是奔走也。還轅息輸。此意固不忍言。而車殆馬煩之下。轉而念隴畔田間。父子兄弟熙熙。若彼何人哉。殷勤用世之意。爲之爽然若失也。斯咨嗟弗置耳。泯棼胥漸之世。未嘗以一身樂業。遂寬吾黨之憂。夫誰無一家骨肉之親。而忍令其無告也。衡門泌水。此樂豈曰未知。而偃仰林泉之中。忽而念林總羣生。頻連疾苦。櫌櫌。昔此何時哉。悲天憫人之志。又爲之怦然欲動也。乃感嘆欲絕矣。何隱者也高之也。亦借之也。今夫天

下惟皆避世之人斯急賴用世之人耳如丈人者自適其適而視
家庭以外皆秦越也則生民奚恃焉一庭存太古之風而四海仍
衰季之俗惡乎可也且夫天下亦惟避世之人爲能有用世之才
耳如丈人者使盡其所其視天下之遠猶一堂也則王治可有焉
存之見友恭之風推之即孝弟之政斯其人也惜乎無有過而問
者使子路反見之夫子之意深矣雖然丈人則何可復見子路哉
高人之志趣爲異而不爲同使猶是永夕之盤桓安知其不以不
入耳之言來相勸勉也夫丈人固亦知責我者之難以强我也然
亦多此一辨耳吾何爲哉伊人究在相望于雲山之中而已矣噫

十六

士之行踪可遇而不可測使徒爲世情之纏綿安知其不以孤介之名轉相播告也夫丈人亦何必計見我者之將以責我也然已多此一見耳吾從此逝矣之子有懷相賞於形骸之外而已矣丈人行矣子路至矣蓋非此一行也無以見丈人高世之情而非此一反也無以見聖人憂世之志夫聖人固亦逆知其必行且不行亦未必遂我從也而不容已於一見者則皇皇救世之情所迫而出者哉此所以爲聖人乎夫丈人者隱者也

鵾絃鐵撥響遏流雲

明辨之篤行之（中庸）　柯煜

明辨之篤行之

柯煜

慮辨以全擇之功而歸諸行以為執焉（帶上三句意）蓋明辨所以濟學問思之功而全其為擇也然非要之篤行則又何以為執哉且善之散於（扣善字是）天壤者非畧觀大意者所能取也（本章○活不浅）用吾心而潛玩若明若昧之際（反明亦）則所以析其幾者猶未精矣而吾之聚於當身者非徒情其明者所能幾也精吾識而猶在可據不可據之間則所以辯其實者猶（反篤行）未至矣是故擇務全其擇之功欲務殫其執之力也育如擇善者（○而○向○與○館）由學問而進之以思斯時也其遂可坦然行之而無疑矣乎未也（○遂○善○行○字○）同是善而不禁彼此之殊途者理無常所也故即一事之情形處（二比發明所以當亦之故）（○歸○明○亦○然○為○行○地）

之易涉而有所不類係焉之而知其果不類也此中之義蘊良多

矣同最善而不覺後先之異用有道與時宜也雖有一端之條貫

盧爲數說而皆若可循淺嘗之而未見其可循也此中之謂昨不

又○筆○行○字○有○閒○瑣○

少矣若是者無論無以爲行地也抑先無以全吾知也而可不明

數行正面

辨之乎辨夫不善之間吾善也尤辨夫似善之惑吾善辨夫衆善

御三而第下

之各有所主也尤辨夫至善之専有所歸是即本遂志時敏以赴

句有○法○

之者也學亦辨也是即從質疑考德而參之者也問亦辨也是即

出極深研幾而出之者也思亦辨也夫而後可奮然行之矣而亦

此說亦未○明固不可什具○問

欲汲汲於行也而求有定見也要進以赴天下之功而限於瞻顧

明辨之

山東李學院歲入新泰縣學一名　湯步昌

善至明辨而義乃精、擇之功盡矣、夫善而不辨、則義猶未精也、明以辨之、而擇善之功不已盡哉、嘗思善之萃於吾心也、欲使晰洞徹焉而無所惑、疑必爲之剖晰焉、以窮乎其蘊、蓋察微於累于偏端、而纖悉即契其全、體君子之學、所爲識精而求其精者、夫固念乎疑似之義而研窮愈密也、博學審問而繼以慎思、識之之功至矣、雖然、善之量至慎思爲已致其詳、而擇之功至慎思而反生其（從思字翻出辨）變、何者明昧之機、細按則其情轉適、故一索再索、每緣纖滯而不定、而恍惚莫定之形、顯出者忽匿焉、以浮入抑精神所聚過用則

其途轉迷故若即若離反以躊躇而失據而細微曲折之變心領者又忽眩乎神交若然非明以辨之不爲功理欲之殊途豈必縱

上一　醫○方　得　宗　八

交于念慮而第謂研別之既精則相似者偏在依稀而非幾即責於偶畧矣夫息機以涵衆義必分其義以靜參微茫隱約之幾一

不脫　慎　忍

明○字○幾○字○

靜○字○幾○字○

義之未得其真而精能不爍看出以相覈故夫條分縷析絲使萬類之變態畢呈而後一心之權衡始愜蓋不辨之于精義終要歸

歸○判○並○是○處○

而此心不敢自矜明察也天人之顯悖豈其或昧于審幾而第曰綜核之無遺則有察者閒有一昧而冒昧即乘於所忽矣夫全忩

是○之○字○

以謀一理必綜其理以參觀離合異同之故此中之條理未罄而

借鑒不妨更端以互証故夫旁推交通必使一心之朗鑒常惺而
後邪正之情形畢獻蓋不辨夫百慮之一致而返觀終不敢自謂
清明也是知物理潛于所伏惟辨之既極其嚴而紆折之藏不啻
抉之以出則朕兆忽開也積辨生明由明致辨而前此[illegible]選觀博
縣無惑於毫釐且物理幽而難尋惟明之洞燭其原而隱晦之端
無昧揭之使露則底蘊悉窺也辨之極于無所辨即明之臻乎無
不明而向之竭慮殫思悉歸諸實境此擇善之功也而固執之事
于焉起矣
從思後著想則題界始清而題義始的深入顯出筆底無毫髮
直省考卷所見二集　　楊　明辨之
遺形

朋友之饋　一節

崇文胡杭潔齋

聖人不輕拜友饋重友誼也夫友饋而拜則重饋而輕友矣祭肉而外雖車馬不拜爲非所以重友誼哉且鄉黨記聖人之交友一則曰再拜而送再則曰拜而受之矣饋有不敢不拜者聖人所以著交友之誠而有不敢輕拜者聖人所以明通財之義則有如朋友之饋是已以上及下則爲賜賜則必拜盡臣禮即以感君恩焉而饋之義殊於賜則問遺所及當自無往拜之文以下奉上則爲獻惟獻無拜昭君體即以明臣心焉而饋之事異於獻則投贈之餘亦豈有拜受之節然則夫子於朋友之饋亦直概之曰不拜可

矣、而、或者頗疑夫子亦有時而拜者吾以為拜者其暫不拜者其常、亦視所饋之輕重為何如耳讀禮而知饋己饒劍皆屬報施之雅誼至於車馬則有馬借人亦即與共無憾之情也夫子蓋謂同心之結也聲氣之求契在道誼而或於奔走馳驅之物德色是形則忘切苾蘭而情殷貨利友誼何以克敦乎此車馬之不拜者固其常也詠詩而知羔羊肥羜悉徵洽比之隆文至於祭肉則一饗之分不等餕餘不祭之例也夫子誠念異體之合也祖宗之愛共此飲馨而僅與授綏執策之常輕心相接則惠我鼎烹而視同縞紵孝思何以不匱乎此祭肉之有時而拜者特其暫也夫然而夫

朋友之饋 一節（論語） 胡 杭（潔齋）

子之所拜者可知即夫子之所不拜者更可知矣祭祀守先朝之薦饗苴白馬亦借祀典以俱儺則事有專屬也推此而數既於朋友雖車馬取之外既共見好行其德之爲要惟所饋若果爲祭肉誠拜也而少牢七箇特豚五箇豈等諸尋常苞苴之贈哉賜胙誇伯舅之榮大路鼎門亦與茲芬而共錫則禮有獨隆也推此而下通於友饋惟祭肉借廟以行實挾並受其福之意否則雖車馬非祭肉不拜也而南宮一乘公良五乘亦不過尋常車笠之盟耳此聖人所以重友誼也

制局可謂五雀六燕輕重得宜原評

朋友有信放勳曰　友教甄別內正一名　筱巖氏

敷教者終及朋友授命者先之訓詞焉夫朋友之信固與親義別序同為倫之所自有也乃溯司徒之命不已有放勳之言乎且自同寅之襄贊而友誼克敦於帝廷此尚書所為獨載堯以來也乃若敷教並嚴於交際即以僚友之道飭夫儕友而明倫之事於以終垂訓首重於宸躬即於命官之際責夫專官而盡倫之教於以始即此人合之交上孚天合而廟堂之誥誡早已如聞其聲矣親義別序固為契之教已然考舜典一編放勳之試舜也首在慎徽五典迨舜之攝放勳也其命契亦有曰敬敷五教是知教有五而非親義別序所能備即非親義別序所能

謨進觀朋友契能不敎之以有信乎朋友有與父子君臣夫婦
長幼相輔者乎也錫以爾類臣也稱以同寮風雨聯一室之歡
車笠結同懷之契而要必飭之以信則異地同心庶不慚於酬
酢之際朋友有因父子君臣夫婦長幼相及者分不違喬梓之
密位不若堂陛之懸視室家有內外之分較手足有天人之別
而要惟聯之以信則投桃報李始有當於結納之情是有朋友
而倫始全有朋友之信而倫之事始備契誠無負於所使矣吾
思當日舜雖攝位依然共事夫堯而契之奉命施敎者不幾以
同朝之誼共信於一人哉然而黎民於變恩可信於父子敬可
信於君臣夫婦信以如賓長幼信以明節正非徒往來胥接信
可盟諸金石也契之敎如此誠無負於舜之命矣即無負於堯

之命矣不觀放勲之言乎命禹者舜也曾不聞放勳復命夫禹茲乃於舜之命契者復有以命之知明倫之職較治水之職為尤切則於其言而冠以放勲覺禹之冠以大者尤不若其抒詞之廣被焉命稷者舜也亦不聞放勲復命夫稷茲獨於舜之命契者復有以命之知明倫之事較播穀之事為更優則於其言而繫以放勳覺稷之繫以后者尤不若其垂訓之精詳焉進徵其辭而所為作民之信者直不啻降君師之尊而與言朋友之益也其憂民為何如哉

法既周密措詞亦覺自然合作也

第二十冊　卷五十九

朋友有信放勳曰勞之　文華集　黎朝書

終舉交道以教民可先念唐帝之所勞焉蓋朋友有信則人倫之教全然民之受教者勞之可不先及乎嘗思交游之間取乎信使教民者未導其先又安計勞民之得其道哉若乃明納交於兆姓相孚者復以真誠而緬勸善於虞廷勉行者先加奬勵夫乃歎民情可見茍既迪乎倫常胡不先為慰論也如人倫之敎豈特親義别序已哉今夫人倫之道苟不於所未知者勸之使知未有能於父子君臣夫婦長幼之間知所致力者也惟然而朋友又當教信矣朋友之交在道誼苟應求未合用力終苦其不誠以信教之斯切磋共勵勤勞彌殷而同心斷金可與教

孝敎忠而並飭朋友之交在性情苟中孚未協用力難保其無欺敎之以信斯規勸有資奬勞兼至而他山攻玉遂與敎敬敎愛而同隆是則朋友有信非與親義別序皆民所宜致力哉雖然治有其全量明以信而敎以成而政有所先施加以勞而民用勸夫以允信之宜講也閭閻無善類倫行何以勉交修使引導未統其全風俗終虞其浮僞惟更即處友之經爲誘掖斯政敎之啟迪者賅而以慰勞之宜先也愚賤有性真亟勉業徵諸同氣使策勵未神其用綱常奚以共修明惟更合彰信之道以爲敎施斯庶民之訓行者勸如放勳所云勞之不當首念乎加勞爲王朝之盛典則禮隆錫予羣侯共戴其恩施茲放勳之勞民殊其禮原不殊其情也皆埶共咨之會室家幾難相保遑言

信義之交孚而乃不避艱難初不待朋友觀摩內念即深其鼓舞倘其力行不倦安見移孝作忠不可備浚明選也而能勿舉九功之厚生利用而歌勸以勞之勞賞亦行師之良謨則功判然優士卒亦資其感發故勳之勞民異其文原不異其實也艱鮮既奏以還天顯漸慶安全每欲信誠之共勉而乃先自憤發初不必朋友砥礪方寸始飭乎箴規倘其力學不衰安見則友觀型不可近於光也而能勿舉九疇之沉潛高明而錫以勞之要之明倫有典當究其終始善維勤首隆其禮合衆之而進推之不益見有加無已乎

肫〻其仁 一節

贊至誠之心體一如其誠而已夫至誠之仁也淵也天也合而言之無非一誠之中庸極贊其盛非無倚者而能若是哉且夫同一事也而有所倚與無所倚之有間也有所倚者力之所強為固已（借形）出之而易盡探之而無餘而爭于深而求之而愈見其深則真無倚也今夫大經之在天下也不可無文然在人非真有不容已于天下之心而所厲者不能多乎聖人覽于倫類之廣而徧用其真于是與天下之相遺而至于相亂也又與夫天下之相狎而至于相愛也遷是區處皆其取懷而與之前有千古後有萬年莫非吾（肫〻二字卜費）

也也四海之外六合之内莫非吾身也肫肫乎懇惻之周流貫纏綿于意計而浹洽于綱常盖其誠至者其仁亦至也今夫大本之在天下也寧有終窮然在人非能有以包涵乎不窮之變而所存者不已淺乎聖人究于性餘之全而得盡其致于是范乎而不得其畔岸也灝乎而不得其津涯也凝神淵默非他有纖悉以雜之操乎其源寂而不滯積之已厚也溯乎其流深而能通出之不竭也淵淵乎靜存之有主直會萬感之真而具渾淪之趣盖其誠無極者其淵亦無極也今夫化育之在天地處于杳冥之間在人苟不能有以通乎造化之故而所操者不已隘乎聖人非等于聞見

之知而獨得其微。于是攝萬物之上而無所于讓也。合兩間之撰而無所于歉也。盡性至命而不得以狹小之見窺之。位育之功可不謂藏焉而猶是天自天聖自聖也。（點其字醒快）參贊之效可不謂隆焉而亦猶是天自天聖自聖也。（參差不對）浩浩乎聖人有聖人之天。聖人之心有聖人之心之天。蓋其誠無外者其天亦無外也。嗚呼。盡之矣。夫是之謂至誠。夫是之謂天德也。

伐毛洗髓之候。為淵諸義理之文。故應如此明快。第雲奏

第二十冊　卷五十九

肫肫其仁　一句　王庭

讚至誠之仁所竆于經綸者深也盖經綸于無倚一至誠之仁所為也肫肫自不能已矣世之賴之豈其微哉吾故觀于聖人之有作而歎其仁愛天下之心至無窮也居食未遂莫為之先將人與物相賊殺無已時也飽煖既臻莫為之後將人與人相賊殺無已時也天下之不仁聖人憂之有方于是聖人之仁天下享之不盡如經綸大經至誠無倚之能非乎凡人勞苦之不恤必有其私爲非身家之切誰悉力以勤厥事乃至誠非期創業之不援也其不啻以天下爲身家而以爲性命也無倚于天下之心而倫署其

真時文中人　何評

勞苦一凡人寬圖之是亟亦必有其情或因功名之故樂卒志以觀
厥成乃至識非因立極之是像也其不欲以天下為功名而以玄
情額也無倚于經綸之心而克盡其克圖一肫〻乎其經綸之仁乎臣
經綸分發人亦
敬其君于拜其父弟其其兄同群等類之中無端而生其區別遂
之却不能于仁字如此親切道得原解
有嫌禁測絕之事世之所疑為至拂者夫不仁之形正仁之理也
行于理之各正而犯亂賊逆乘縛于不敢萌固不悖于活〻姑息
之文去小仁以成大仁此意良不可及凡一肫〻乎其綸之仁乎臣
致忠于君而自樂得其臣子致愛于父而自樂得其子弟致讓〻
兄而自樂得其弟分發禮絕之餘自然而生其交接不遺笑言飲

肫肫其仁 一句（中庸） 王庭

肫三字出

食之歆世之所習于至順者不見仁之形皆仁之情而養于情之
可額而歆忻和樂聯屬于不忍㩀常不盡其惡惡誘勸之意合衆
仁以成一仁至德良無所加也後之帝王固有得其仁之法者法
却是其仁肫肫處妙原評
之所畢至而仁畢至焉諸如始爲之生中爲之養終爲之教其齋
不含乎經而要皆與經綸相表裏惟至誠之德澤有以裕之後之
師儒亦有得其仁之道者道之所不離而仁不離焉諸如在人曰
心在物曰理在德曰元其義不離乎經而要寔于經綸爲本源惟
至誠之純懿有以著之是以天下一日有經則誠一日有仁其仁
雖以世計故未有知其修常見其發皇之所不窮矣天下即有一人

不絲而誠原無一人不仁其仁非可驛求故無以言其浹洽其蘊含之所不能焉呼至誠之體渾一至誠之識也曰仁已後其歸矣其孰能知之識

題千鈞之門也一舉于王希濤舉于盧遠餘子紛紛要其廣絕皆不震

稍藉子物不可奇合論於手而更去其錯調自看精采向此瞻極服膺此文謂集中唯大士五者天下之達道也亦可以相當故知非夸美之談也　沈雨齋

非仁其

立

肫肫其仁　三句　方苞

觀至誠之性體而知其功用之所以盛也蓋肫肫淵淵浩浩誠之自然而得於性者也而其所能尚焉所倚于且凡物之情非其中之至足而有可恃未有無所倚于外者也惟至誠之經綸立本知化如此其事爲天下之所絶而皆出以自然則其性體之本于天而足於内者必有絶于人而絶于天者矣何者後之人倚聖人所制倫常之數以行於君臣父子之間而尚有艱難而不合苟且而即安者而至誠當萬物之屯蒙獨能闢天以明道則其仁可思矣其出于已者審幾於其所不自知其加於人者皆達于其所不能已敢試一身于百行

層遞乃關

其旁推交通而尚盡其義類者乃其仁之懇至而能體事者也達天

下為一身而聯屬鼓舞使各得其性情者乃其仁之流通而能動物

者也夫一時一事而能用力于名數者求可以為仁乃煦煦者仁乎

道濟天下者亦仁也能仁其仁故其經綸無所倚得後之人倚聖人

所順性命之理以自求其仁義禮智之原而尚有雜之而難清楚之

思之億

而易竭者而至誠係方寸以制義遂能盡性而知來則其淵可思矣

冊義含備

其得乎有生之初者禪機無微而不盡其全于已生之後者特導日

萬而求功故寂然不動舉一身喜怒哀樂之理靜正于內而有源可

待即其淵之止而能鑒者也感而遂通任天下事物情形之觸時發

于外而萬變不窮是即其淵之流而一不息者也夫賢學復性以資道其原本者亦自有所為淵然淵淵者淵而廣深不測者亦淵也淵淵其淵故其立本無所倚耳後之人衍聖人所著陰陽之道以測其消息往來之變而尚有心固于所來通力歷于所欲見者而至誠方遠（其則遠理）（之文實盡開生境）生如廣物遂能先天而後天則其天可思矣其立成法以制之善孰告之以其慶其修人事以成之者孰示之以其宜益實見夫性情內之動靜屈伸其自然而不容強者皆天道故仰觀俯察遂有以合其氣而制其出入是即其天之於穆而不已者也實見夫身心中之則柔損益其當然而不可易者皆天道故因天則地遂有以體其性而

酌其羅虛是即其天也在物而無妄者也夫觀物習熟而偏得其精
微者時亦可通于天然照々者天而無窮無極者亦天也浩々其天
故其知化無所倚耳夫至誠之性體其不可以常理測如此哉其盡
非人之所能而其德亦非人之所知也

高辭瑰皇懷險語破鬼胆惟漸交為虞曦靈慕廬先生

高牧渾厚詞正理醇有明大家中亦未有倫也蠡田甫

腮々盎

肫肫其仁　三句　吳襄

凝至誠之心有難以名言者焉夫分言之為其仁其淵其天合之則一誠也極詞以擬之豈有加于至誠哉中庸想無倚之心以為至誠之所事亦既昭著如斯矣顧擬而議之究難曲形其所以然也惟誠夫性體之精微者意會焉以彷彿其運量之神庶幾于功

切大德陞天得叠字之神

化之流行者長言焉以引伸于思議之表今夫類族辨物之閒有仁道焉愛以相洽而天屬無不聯之情敬以相將而周旋無不情之貌凡太經中合之不遺分之不聯者皆仁也而至誠則自有其

剔醒于字

仁恩者仁之育義者仁之正子臣弟友莫非真意所貫通極其仁

之所被即至可法可傳若惟恐析之猶有未精若惟恐比之猶有（切定經綸）
不洽而纏綿莫解之情四海如一家也五倫如一體也誠至者仁（肫肫二字透）（歸到無）
亦自然而至也吾得而擬曰肫肫其仁今夫積厚流遠之餘有淵（滴）
象焉寂然不動而大中有無盡之藏感而遂通而太和著時出之
感凡大本中蓄為一源散為萬化者皆淵也而至誠則自有其淵
藏者淵之止顯者淵之通仁義禮智無非性體所內涵極其淵之
難窺不交有形有聲而即此為萬理之所靜藏即此為萬事之所（切定大本）
肆應而靜深莫測之蘊存神于無極也藏用于無方也誠至者淵（淵淵二字透）
亦自然而至也吾得而擬曰淵淵其淵今夫光被廣運之下有天

機焉易以植體而無妄合陰陽之德簡以達用而不息操屈伸之幾凡化育中不言而喻無為而成者皆天也而至誠則自有其天開者天之先繼者天之後乎育剖貞無非一心所默契極其天之無間即至為參為贊初不費造化之何以周心初不覺高深之何

切定化育

浩浩二字透

以合撰而聲臭悉捐之候乾圜而不過也曲成而不遺也誠至者天亦自然而至也吾得而擬同浩浩其天至誠無倚之心蓋如此

緊切無倚無一語泛說他家非去却無倚句將而不切即重衍經綸等複而無味去此何止天淵 房評

從上三句撰出肫肫淵淵浩浩氣象歸宿於至誠之無倚三其

字煞有着落質而不浮說理之雅宗也弟若

肫〻其　吳

肫肫其仁　一節　一名　沈巍皆

即至誠之心歷想之其敦化也至矣蓋經綸立本知化中自有與仁其淵其天也擬之以肫肫淵淵浩浩至誠之敦化為何如乎且至誠之功用固非一端所能竟也而其心體尤非一言所能窮蓋操寸衷以紀綱事物而度量之醞釀者深斯象物宜以擬諸形容而心性之渾涵者廣即其用之所著窺其念之所存殊令人想像于不盡焉經綸立本知化至誠之能事如此顧統言之則敦倫以盡性知命無非無妄之精意所貫通分觀之則篤厚與廣大清明性、中藏為擬議吾得歷歷想其心矣肫肫乎固結而不

可無弗通者非仁也哉大經本仁所統會而經綸大經
者則自有其仁焉尊卑長幼分乎其不忍不分一仁之維持其際
也親義信序分乎其不忍不合一仁之貫注其間也蓋仁者人之
心至誠不息其初心則慈祥常周于衷曲安土者能愛惻然真懇
之流通見天者不迷懇乎至情之周浹彼惻隱見仁之端克復盡
仁之功舉不若仁心為質者之其仁獨至也斯懇摯為何如淵淵
淵乎潛之不加其清挹之彌覺其盈者非淵也哉大本原性所淵
涵而立大本者則自有其淵焉何慮何思寂處未開其朕兆一淵
之渟蓄為體也無方無體事幾悉會于神明一淵之洞澈無際也

盡淵亦理所萬至誠静含夫衆理則真源自澈于懷來洞焉一物
慶○無○所○滯○不○生○之○態○
依○之○窮○
之不留溜其清而澄渟净盡湛然一本之来會資之深而左右逢
原彼于淵可以見道臨淵可以悟道轢不若淵衷專謐者之其淵
自濬也斯静深為何如鄉浩浩乎範圍而不可過曲成而不能遺
者非泰也哉化育本天之神運而知化育者則自有其天焉元亨
誠之通以吾心之仁禮協之一天之行生不息也利貞誠之復以
吾心之義智符之一天之聲臭俱無也蓋天者道所出至誠體備
夫大道則造化即在于吾心易簡得其理通元宰而廣運皆神正
大
臨而化機合撰彼法天于以不息配天極其高明

真　雜　甲　江南

中　河南

繹〻

〻具者之其天獨闢也斯廣大為何如歟此至誠之

敦化也非至聖其孰能知之

鼎峙三峰確〻鑿〻洞見本原自是文壇夙將

肫肫其仁　一節

癸酉江南　元　沈巍皆

即至誠之心歷想之其敦化也至矣蓋經綸立本知化中自有真仁其淵其天也擬之以肫肫淵淵浩浩至誠之敦化為何如耳且至誠之功用固非一端所能竟也而其心體尤非一言所能窮蓋操寸衷以宰乎萬有而神明之推暨者宏合萬有而裕於寸衷而性量之渾涵者遂即其用之所著巍其念之所存殊令人想像於不盡焉經綸立本知化至誠之能事如此顧統言之則敦倫以盡性知命無非无妄之精意所貫通析言之則篤厚與廣大清明可即宥密之中藏為擬議吾有以歷想其心矣肫肫乎固結而不可

辭委曲而無弗通者非仁也哉大經本仁所統會而經綸大經者

（樸實說理無一語膚泛）

則自有其仁焉尊卑長幼分乎其不忍不分一仁之維持其際也

親義信序合乎其不忍不合一仁之貫注其間也蓋仁者人之心

至誠不汨其初心則慈祥惻怛於衷曲安土者能愛惻然真意之

流通見天者不迷藹然至情之周浹彼惻隱見仁之端克復盡仁

（醒豁）

之功舉不若仁心為質者之其仁獨至也斯懇摯為何如歟淵淵

乎澄之而不加清摇之而不濁見盈者非淵也哉大本原性所淵涵

而立大本者則自有其淵焉何思何慮寂未開其朕兆一淵之

停蓄為體也無方無體事幾悉會於靈明一淵之洞徹無際也蓋

淵亦理所寓至誠靜含夫衆理則真源自澈於懷來洞焉一物之（深○廣○而○出）
（無○窮○濁○不○此○之○態）不留瀦其清而渣滓淨盡湛然一本之來會資之深而左右逢原
波於淵可以見道臨淵可以悟道舉不若淵衷寧謐者之其淵自
濬也斯靜深為何如歟浩浩乎範圍而不可過曲成而不能遺者
非天也哉化育本天之神運而知化育者則自有其天焉元亨誠
之道以吾心之仁禮協之一天之行生不息也利貞誠之復以吾
心之義智符之一天之聲臭俱無也蓋天者道所出至誠體備夫
大道則造化即在於吾心易簡得其理通元宰而上下同流正大
見其情蘇太虛而陰陽合撰彼法天於以不息配天極其高明舉

不若天道畢具者之其天獨闢也斯廣大爲何如歟此至誠之效
化也非至聖其孰能之

吳因之云此節申明上節之意上文贍有仁淵天等意尚未說
明至此始提出肫肫等不過各着兩字以形容之耳唐荊川云
此題倒看便是至誠經綸大經是其仁也其仁則肫肫下二句
倣此文能靠寔發揮無一蒙混語無一艱澁氣真其理境澄澈之
作

肫肫其　沈

肫肫其仁　三句　周鍾

無稱至誠之業其倫于心者全也夫至誠無倚非可言盡也其仁其淵其天一歸于心所自全而已今夫神聖立極功用之見于外者皆其迹也而精良純固之體有敎于不息者任其遁出而靡窮進觀于中之所存未嘗不嘆盛德之難為擬議也

借三句實字形容之方妙

至誠經綸立本知化育而歸諸無倚其修道則綏猷奠民物之紀其盡性則清明還帝降之初其至命則動變通乾坤之化若是乎其無所倚者不可一端竟也由經綸而言惧天下之渙則有以聯其情惧天下之瀆則有以辨其分肫肫然其為之維繫而周洽者惟恐一人之不率于道而彰明彝教以訓廸之至于忠孝

成風雍和著化而愷悌所流寧有既乎夫五倫統于三德三德統于仁
至誠以惻隱生天下之經綸即以經綸廣天下之利濟天下日休養生
息于至誠之心而終莫罄夫慈意之何所極也則以為其仁焉爾由立
此贊嘆語無但排其字真妙
本而言宰于靜專而有以御天下之動退于寂若而有以洞天下之賾
淵淵然其為之保固而凝承者惟患一已之弗克盡其性而慎守厥止
以蘊歛之至于萬類仰澤兆庶蒙膏而閭惠所暨寧有匱乎夫五行以
水為原而百川以淵為止至誠藏天下之本于淵而不動即沛天下之
淵于本而不竭天下日沐浴灌溉于至誠之心而終莫窮夫深廣之何
所涯也則以為其淵焉爾由知化育而言從一身見天地而理合于無

妄從天地見一身而發生于不已浩浩然其爲之推致而擴徽者惟聖
盡性之不至于命而保合太和以調燮之至于体備合德功深參贊而
高明所彼寧有量乎夫萬物讓尊于天地而地又讓尊于天至誠以化
育令天而爲天之功登天亦以化育命至誠而爲天之育予天下目覆
估函蓋于至誠之心而終莫殫夫廣大之何所極也則以爲其天焉爾
存之一原而發之殊用含弘光大總歸性量之無私可名者其象不可
名者其體動靜天人均爲形容之難至以此言誠其至矣乎
存疑云肫肫處便是仁淵淵處便是淵浩浩處便是天此至誠自家
之仁淵天也分不得兩僣題文克棟得其解者吾未之見也 錢禧

肫肫其仁　　周振采

至誠有全仁而經綸及天下矣。蓋經綸之無倚者，皆至誠之仁為之也。肫肫乎時出之而豈有既哉。且人自起念以來，在在有對待相生之數，未嘗遺世離人而立於獨也。蓋合衆形為一己，而以一己之情綸給乎天下之情。凡推乎天下而疑其情之不足者，何出之至誠而漠其情之有餘也。試由無倚之能深繹其經綸之故。上（提無倚泳嘆肫肫之義入）下交接，彼自以為厚者，乃其所以薄耳；即自以為薄而處厚焉，刻（脉不倒）責之思猶有竭力之象，而至誠則順應而自符於不容已。日用酬酢，彼自見其寡者，正其所以疎耳；即自見其疎而求寡焉，黽勉之

本朝三十家　中庸　通志堂

餘終有未達之間而至誠則從心而自極於無可加肫肫乎經之
於所分者固其仁之所為秩敘而不紊也真意之涵濡盈於胸臆

考皇周泱言足以該雜

則觸焉畢注而不虞所向之殊方是故因乎物者不緣物而具而

蹴之情

呼吸所貫周通應感之先如其分者不隨分而止而神志所留隱

真寫得肫肫意出

結𦕅幾之後夫以一端之呈露而仁之所從生者不可以數計仁
之所終極者抑又不可以數計焉而其仁乃纏綿而委備矣肫肫
乎綸之於所合者周其仁之所為親遜而不渙也萬類之消息切
於痌瘝則沛然旁流而豈復形骸之見格是故兩事相為者足乎

如底豫之類　如父子化天

此而兼有以達乎彼豫順以兩至而神衆聯相比者篤乎近而遂

（下足之類）有以舉乎遠恩誼以衆著而洽夫以一心之惻怛而仁之建而及者充然其意滿仁之類而召者無不充然其意滿焉而其仁乃旁皇而周浹矣古今共由之路至誠如闢其新（到此乃及為法一層仍歸併盡其當然之實）仁周人心所同然而其仁則生民所未有也其承也非襲其創也非偶敦龐淳厚中蓋實有不能蔽揜之條理而人則但稟規矩以相師耳（下節之神到矣）人倫贅疣之區至誠如彰其繫其仁未嘗益乎本來而無倚則超於所獨運也（仁智勇周匝無倚之義盡透）其昭晰也意識不形其措注也從容無迹和平至足中蓋實有自然暢遂之精華而人則但驚步趨之已後耳夫與事而同情殊域而同體統於仁而天下無非已也博施而不匱曲成而不遺顯諸

○仁而經綸亦非外也○此率性之道○情之所以發而皆中也歟○
經綸大經○註兼盡道立敎二義○然盡道即所以立敎○語有輕重○
竟說成爲天下後世而經綸之○便非其仁正頂員光○許敬菴先
生○文猶未免趨重後義也○自注
體會至微○澄思要妙○題神題相○盤露毫端○

肫肫其仁　一節　　胡友信

中庸於至誠之功用而極狀其盛焉夫極盛不可以名言也非形容之極豈能盡至誠功用之盛哉且至誠之功用既出於無所倚則其盛也果何如彼至誠之大經吾嘗擬議其經綸之妙矣其分也分於其所不得不分其合也合於其所不得不合情洽於交神之際恩深於各足之餘肫肫然親者親義者義序者序別者別信者信而相與相接之精神與一元未漓之景象也其仁矣乎至誠之大本吾嘗想像其所立之原矣其靜也玄默而淵深其動也幾微而易忽而神藏於無物之先機達於不思之境淵淵然足以臨足以容足以執足以別

足以別而往來繼續之玄機真川流未洩之淵源也其淵矣乎至誠之知化又大經之原大本之自也而其盛也又可以易言哉吾知其神與靜翕於游而無所紀極化與動闢者溥而無所盡藏固六合而不為大包萬物而不為多浩浩然元之無不始亨之無不通利之無不遂貞之無不成仰而觀之天莫非至誠俯而察之至誠莫非天配之猶為二也其殆天乎哉

切中肯綮一字一血　泚太史

肫肫其仁　傳焯

至誠心有其仁擬之未易盡也夫心非有其仁何以肫〻也由經綸之無倚思之其仁豈易擬乎嘗思吾心者天下之心也誠知天下爲吾心所周流則必一其心于天下之人而無不至何也誠之至仁之至也盖心有未仁則能經綸于一二人未必至於天下何其視天下而大公無我也仁有未極則能爲天下之大經未必出於無倚何其視大經而精意懇到也吾思至誠非直爲仁而其心即其仁也非直肫〻而肫〻乃其仁也人孰無仁見有不仁者而後仁猶謂之實有其事而非其心也仁如至誠不必實有其事而

武藏

十三名

漳州府

惻怛已至人即能仁見有可仁者而始仁猶謂之實見是形焉
其仁也仁若至誠不忍實見是形而慘惕獨深慘之惕之其意若
有不能自已也故常加紆綸於無可紆綸之處若第曰林總繁矣
得毋有不孝不弟而纖德彰聞乎是其仁者暫而不仁者常也至
誠之仁不但爾矣惻焉怛焉其情實有不能釋然也故常用紆綸
於不忍之綸之時若第曰窮簷隱矣得毋有非義非道而五品弗
遜乎仁者顯而不仁者微也至誠之仁不若是矣蓋至誠之
心天下共納於仁一有不仁則衣冠塗炭不啻也欲使天（刲之霑之他）
下不仁即有能仁猶一夫子章在念也不然煦煦亦仁何能

如至誠之仁雖廣亦仁何能如至誠之肫肫要之誠之至也仁之至也豈易擬哉

於剝繫中闡抉觸手都成靈響在此題可謂發蒙摘闢矣

○○肫肫其仁　三句　張名品○百二十九

歷形至誠之心體、要皆本于誠也、蓋仁也淵也天也、人孰無之而至誠之肫〻淵〻浩〻如是、何一不本于誠哉、今夫人而有所倚（以中外乎代体用字）于其外者、必其不足于中者也、不足乎其源而倚流以潮源、則源非其源矣、至誠足乎其內、是以無倚于其外、吾由至誠經綸天下之大經思之（直取肫〻如此入乎方合描形至誠心体之蘊）、則何其綢繆于綱常名教之中也、則何其固結于尊親物我之地也、吾于是而想見至誠之仁矣、蓋人之情易潰〻則無節（前是分合二義乃發揮如許出色）、至誠不忍天下之潰而無節也、而為之君臣父子以別其等焉、人之情易渙〻則無統、至誠不忍天下之渙而無統也、而為之親義別序以聯其情焉雖倫紀自在兩間亦自有動乎不容已者而吾特慮夫與知與能者之日流于薄也而吾尤慮夫良知良能者之時形于僞也夫孰有如是乎肫肫其仁者由至誠立天下之大本思之則何其取之而不慮其或盡也則何其用之而不見其哉竭也吾于是可想至誠之淵淵矣蓋其虛而含之者藏至理于不測即一物不有而不為寂也其寔而體之者宅吾衷于不息即萬物畢備而不為紛也雖義理自在人心亦自有渾乎其內歛者而吾特慮夫一材一枝者之一發而已無餘也而吾尤慮夫淺藏薄植者之一件而已易窮也夫孰有如是乎淵淵其淵者由至誠知

（旁批）其異人無乎起處見別棘用爲照

（旁批）不測不貳恰是淵淵妙義

天地之化育思之則何其心通乎帝載而不囿于形氣之中也則何其識超乎群倫而不事乎推測之術也吾于是可想至誠之天矣蓋能統造化之氣于一心故一心之喜怒哀樂與天地之寒燠

方是其天

溫肅神相告也能會於穆之理于一心故一心之仁義禮智與天

對上知化育特見精神

地之元亨利貞默相契也雖二氣自相往來亦自有偶窺其微意者而吾特慮夫匹夫匹婦者之僅喻于一偏也而吾尤慮夫愚夫愚婦者之僅得其一隅也夫孰有如是乎浩浩其天者然而知此者抑亦難矣

其仁其淵其天、即上經綸立本知化、題重肫肫淵淵浩浩、極形

其盛耳入手直取此義三其字只于末後過醒深得摹擬神理

正詮嚴鏤刻闡拓有大家氣沈相起

肫肫其仁　一節　陸師

思至誠無倚之能。理其見于其心矣。盖其仁其淵其天自在至誠之心。則取諸其中而能事備矣。倚其何有哉。凡事之有憑藉而成者。必其中有易量者也。倚乎文而理已不足乎其情矣。倚乎流而理已不足乎其源矣。倚乎心而理已不足乎其天矣。則其能事亦出於勉強之為而無復有不思不勉之妙。齊如是而至誠何以無倚也耶。其心盖有可想者焉。然非寔有不可解之妙以流行于人綱人紀之中。而徒挾此制度品節。欲以聯屬天下之情。大經其何所托命。至誠之經綸其心盖自有仁矣。不忍斯人之無辭而窮此

亦使行可易無非為人類關其可綜非自為其身自為其家而
不忍斯人之不殊所聯其情使不可隔無非為生民通其有欲藹
乎天下一家中國一人也胞與乎同憂共患之意寔與大經相為
終始見諸物之仁分見之至誠之仁全體之尚何有形體志氣
之殊乎此經綸之所以無倚也苟非寔有不可測之淵以貫徹于
吾性吾命之中而徒憑乎空虛寂滅欲以博通天下之故大本其
何所托命至誠之立本其心蓋自有淵泉存之為寂然不動之體
所生陰生陽于是綿屬是其中寔具一太極而所藏者無盡也發
之為感而遂通之用而見仁見知中此出焉昇物之各具一太極

而所流者不竭也淵淵乎深微莫測之致實與大本相為蘊蓄如淵之淵比擬之而在心之淵實體之尚何有捐彼注此之勞乎此立本之所以無倚也蓋非實有不可窮之量以參稽乎於穆流行之源而徒恃乎智慮效測欲以周知造化之情化育其何所托命至誠之知化育其心蓋自有天矣非向在法象之表而覆載生成直自為一闔闢併不假乎規模配合之名也運行在精微之內而翕併徒來直自為一終始併無藉於參贊輔相之迹也浩浩乎廣大高明之量實與化育相為對待蓋在天之天氣積之而在心之天理積之尚何有疆界畛域之可限乎此知化之所以無

陸師製義　中庸

非天下至誠〇其孰能與于斯〇

不以經綸而言則墨子兼愛亦仁矣不以立本而言則黄老清淨亦淵矣不以知化而言則釋氏諸天亦天矣故章句下此二語詎教人將上文覆講一過耶蹇澁者苦無此才粗浮者苦無此識　士弘月

馳〻其

肫肫其仁　三句　陳紫芝

贊至誠之能事亦各如其誠而已夫誠之至者即其所能皆有全不至者在也故為仁与淵与天之說而極形之今夫道率于性而其大原出於天皆一誠之所統也天下惟誠之理全不可知亦唯全乎誠之理者

上節三句皆至誠功用之妙此贊其功用所存也

其存於功用之中有不可量則試就至誠之能事進言之誠之在一心本全名也追至該乎天下通乎天地而發諸冈若逆有体量之可覩斯

此比貼仁淵天

擬議之辭起矣至誠之有功用固至顯也究之該乎天下而天下莫能窺通乎天地而天地莫能外而求其端者仍非名象之可尽斯擬議之

此比貼肫肫淵淵浩浩

就上文想出最合

見又窮矣如大經在天下而至誠何以綸經綸之也此其中有仁焉五典既敘而後君臣父子俱非泛然相值之人而人徒以空名視之則文

陳太史真稿　中庸

勝而情不接夫惟誠至斯惇倫亦至舉斯道之以門別類相比者俱實
（緊貼至誠二字）
本乎天性之難解而非第以形迹為綢繆故守經而常得其安行權而
（切修道上發）
不留其憾也夫至厚莫如仁而吾想至誠之仁不得議其為薄者并全
（是肫肫）
從量其為厚則意者肫肫其仁大本在天下而至誠何以能立之也此
其中有淵為四德既具而後仁義禮智原非一發難總之理而人或以
外物移之則源盡而流不長夫惟誠至斯蓄理亦至舉此心之動亦定
（切立本性之道）
靜亦定者俱寔涵乎万化之無窮而非第以才智相酬酢故學問日進
其原功名不域于器也夫至深莫如淵而吾想至誠之淵不得議其為
（是淵淵）
淺者并全從測其為深則意者淵淵其淵化育在天地而至誠何以能
知之也此其中有天焉一中既分以後通復往來自有盡人而具之故

而人自以情欲間之則人近而天日遠夫惟誠至斯体撰亦至舉吾學〔切天命之性〕〔其字更出〕之計四時育萬物者俱自處于造物之至私而非第以術数相推測故五事可配五行一心可通太極也夫至大莫如天而吾想至誠之天不得讓其為小者并至從擬其為大則意者浩浩其天立人之道曰仁而〔是蕩一下〕初無之人之迹立地之道爲淵立天之道即爲天而更不必有配天地〔筆收一天字奇雄〕之名合也皆一誠之天道也即天德也其誰知之吾仍問之達天德之至誠

氣數理足三峰屹然理境中有此筆酣墨飽之文吾見亦罕

肫肫其　陳

肫肫其仁　三句　　費洪學

誠之化者難言可歷想其所自具者焉夫其仁其淵其天皆其誠也肫肫淵淵浩浩不有凝之而難窮者乎今使能事見于天下而不免乎勉强之迹吾有以窺其心體之易量矣至誠與中和位育之事悉渾融于無姿之原則所爲修道盡性以至乎命者無非神明之所自裕有以足其體而大其功此以見大德之甚盛而化之敦者可極擬也誠以經綸之無倚思之大經自在天下而惇庸秩叙者不少槩見蓋其中非有纏綿委曲之思以周浹乎倫物則雖綠飾具文而意已無餘也今觀至誠而辨分斷情皆有出于不容已者何其真摯乃爾

三其字醒

三比力厚思深字字雅鍊

乎而不可以想其仁乎夫世亦有挾濡煦之恩以自矜懽悌而至誠（盪沖淵理）之仁則非出于外飾是故合其恩愛者仁之自不忍于離也辨其等（倚柎肫肫）威者仁之自不忍于褻也蓋至經權常變極倫類所難全一感以惻惻之心而尊親悉妥其敬然後知殘薄者固無其仁煦煦者亦不足擬其仁也（由然上二字緊婧）肫肫乎豈易量其仁哉試以立本之無倚思之大本自在天下而進極綏猷若不少槩見蓋其中非有資深無盡之藏以植基于未發則雖馳情應務而閒之無間也今觀至誠而積中達外皆有裕乎莫可竭者何其深潛乃爾乎而不可以想其淵乎夫世亦有挾（轉到淵淵）（更精深）浮植之資以自矜寧劃而輕試之淵則非同于淺隘是故清明常湛

者淵之源所以不息也挹注靡涯者淵之流所以不窮也蓋至彌綸
變化極羣動所取資悉周給于藏密之內而肆應不見其勞然後知
襲取者固無其淵潒蓄者亦不近擬其淵也淵淵乎豈易窺其淵哉（作而無相形）
誠以知化育之無倚思之化育自在天地而察來彰往者不少槩見
蓋其中非有合弘廣運之量以默符乎帝載則雖極意探索而遺多
睽隔也今觀至誠而達化窮神皆若有取之其懷者何其造化生心
乃爾乎而不可以想其天乎夫世亦有竊管窺之見以自矜崇效而
至誠之天則不囿于情識是故仁義協乎陰陽靜具一天之體也刑
賞符乎溫肅動具一天之用也蓋至五行二氣極盈虛消息之難窺

悉範圍乎大極之理而通復已裕其原然後知肖以形者域中法象之入肖以理者吾心自有之天也浩浩乎豈易測其天哉甚矣知之者難也

（恰符撲出知乎）

識理之文最是膚淺此獨深入題竅抉奥剖微使義理酣足而後止胸中如鏡筆下如刀

理透則無支詞氣厚則無纖响力勁則無弱調吾師潛心書卷攻苦二十餘年故爾精詣如許門人沈森

肫肫其仁 二節

蔡世遠

極擬無倚之心不可知而可想也蓋事之倚於人者可知其達於天者不可知故就其仁其淵其天想之而知其難也今夫誠（德誠字）命於天者也而惟誠之至者性與天合而其德非人之所可為也亦與天為徒而共德非人之所可窺也今試於至誠之能而無倚者想之彼其狥齊所覃其篤於天者既一人冐羣倫之上而物則所同其全於天者又天下卬絕德之修肫乎立愛立敬而分殊終歸於理一正德明倫而義盡復兼以情至其經綸維繫而不自禁者何其懇以至也是天錫之仁也淵乎存為道義之門而止而

（天字得主腦）

（扶出情字是指其所存之神）

（一挈醒通下節氣像高妙）

（帶天字自然）

能鑒感通為寂然之用而流而不息其正本澄源而周或遺者何其靜以深也是天牖之淵也浩浩乎晝夜通知而神明於以默成崇卑效法而通復於以循環其仰觀俯察而無或閒者何其廣以大也是天亶之天也至哉誠乎其聰明聖知之所流而天德之所（真擴老到）著乎是惟資之所秉實有其作睿者冥契於不思之天斯通乎其微而誠無餘蘊耳自非然者曰言經綸而非其仁也曰言立本而（抱上節發下節）非其淵也曰言知化而非其天也至誠之德所以百世俟聖人而（老確）不惑也是惟質之所優實有其坐照者從容不勉之天斯契乎其神而誠不終秘耳自非然者其經綸也不解何以肫肫也其立本

也不解何以淵淵也其知化也不解何以浩浩也至誠之德所以遯世不見知而不悔也蓋體用一原顯微無間至誠祇自喻之淵裏動靜無端陰陽無始至誠已合漠於天道非人之不能知也誠自不可知耳亦非誠之不可知也不固聰明聖知達天德則不能知耳其仁其淵其天總之一誠而已矣

採二經之精以立言

一結渾成

所懸於穿插者謂其更易上下挑逗字句全無義理耳似此局法天然血脉一貫方是兩節題文亦豈區區講機勢者所能到

劉大山先生

道理爛熟結構精嚴正嘉人遜此工巧慶曆人少此精粹 汪武曹

粲郡晴文

字、靈空字、着實全其根極先儒之旨語服其精而確形徐

亮直

外文綺交內義脈注䟽蕚相銜首尾一體弟可遠

虎、其

肫肫其仁　其天　　厲士貞

就無倚之心擬之至誠未可名言已夫其仁其淵其天至誠之心何如者而肫肫淵淵浩浩烏足以盡擬之中庸意謂吾言至誠之能而知其無倚矣曷亦就其不倚者而思之乎雖然性體之高深莫可究所可即事以會意即意而名言者未始不相遇于深微之中聖功之神化未可幾所可即意而適其意之蘊即言而不一其言之情者未嘗不引伸于擬議之外吾曷以擬之哉至誠何以能經綸大經耶盖有仁焉骨肉之恩築而不殊特有至愛以相洽也文貌之情周而無失特有至敬以相守也夫至愛者不忍之心至敬者不敢之心不忍與不敢之心合而後

落脉緊切

倫得其理矣此大經中之仁也而至誠則更有其仁焉惟有聖心之真

方是天下至誠為仁　共字透快

愛而後無所不愛以教天下之所為事親者有聖心之真敬而後無所

寓肫肫精深

不敬以教天下之所為事君者故知其仁也是以仁及一時而家室樂

其和平仁及百世而尊卑仰其正大其肫肫何如者至誠何以能立大

愛敬中和易簡皆天然的

本耶蓋有淵焉萬事得其序而不紊其常者恃有至中以統之也百物

當柱字語拈出便奇

得其理而不拂其性者恃有至和以保之也夫至中者惟一之心而至

和者大順之心惟一與大順之心合而後理統其宗矣此大本中之淵

也而至誠則更有其淵焉惟有聖心之大中而後無所不中以定天下

經權之極有聖心之大和而後無所不和以裁天下今古之宜故知其

淵也是以淵源及一世而庶務斟酌者靡遺淵源及萬物而群動攸承者匪竭其淵上何如者至誠曷以能知化育耶蓋有天焉陰陽之撰居中以馭外者恃有至易以為體也動靜之幾體順以達化者恃有至簡以存性也夫至易者大生之心至簡者廣生之心大生與廣生之心合而後物歸其極矣此化育中之天也而至誠則更有其天焉惟聖心有真易而後天下之易者歸之則範圍而不過惟聖心有真簡而後天下之簡者歸之則彌綸而勿遺故知其天也是以聖心之天在當時則雨暘寒燠司其序聖心之天在後世則平成樂利蒙其休其浩上何如者然非聖心之至實何以藏天下之至虛非聖心之至虛亦何以運天下

癸戌　二百廿　大題硯儕

之至實哉故曰無所倚也○

何以得此奇快○曰惟的確○故何以得此雄肆○曰惟老實故○仁淵淵乎○

在經綸三句看出○其浩○在天下至誠看出○肫肫淵淵浩浩○在無倚中

看出○

肫肫其仁 一節 三名劉崇敬

即性體以驗至誠有擬之不窮者爲蓋至誠之功悉至誠之性體所具也肫肫淵淵浩浩非即其仁其淵其天乎且甚哉至誠之性體固非一端擬也有愷惻之情斯功之著于倫常者切有静穆之懐斯功之全夫性始者精有健行之實斯功之一于合撰者大以一心會衆理之忽即以一心攝先天之神夫固有曲繪之而莫聲形容者爲惟然吾即至誠之經綸與立與知之無所倚者而進驗之凡人無慼之情者其于倫紀之間處之必不當則其心之流于薄也然果以不流于薄擬至誠則猶有所倚至誠固何如乎

毅乎其所不忍不分一懇到之情所蘊結而親疎各當也合乎其
所不忍不合以深摯之意所流通而邇遐咸孚也肫〻也肫則切
切則所以經綸之者與之俱切肫則篤〻則所以經綸之者與之
俱篤凡所謂父子有親君臣有義夫婦有別長幼有序朋友有信
者無不在其懇摯中也則其仁也凡人無靜深之度者其于五常
之性守之必不純則其心之雜以私也然第以不雜以私擬至誠
則猶有所倚至誠固何如乎靜也專靜也翕一太極之渾于無極
可謂善言乎形容
而變動不居也資之深造之深一川流之歸于敦化而左右逢源
也何淵〻〻偏則潛〻則所以立之者表裏俱澈淵則默〻則所

以立之者內外吾融蓋所謂足以有臨足以有容足以有敬足以有執足以有別者無不在其靜深中也則其淵也凡人無廣大之體者其一逝復之理其之必不精則其心之滯于迹也然第以不滯于迹問至誠則猶有所倚至誠固何如乎為廣厚為廣遠一化之自有之無而至冒無間也大無外大莫載一育之自然之有而廣運不窮也浩浩也浩則無始無始則如元氣之鼓萬物浩則不息不息則如太虛之貫四時蓋所謂元為善長亨為嘉會利為義和貞為事幹者無不在其廣大中也則其天也至誠之體如

直□　墨本初稚

理境澄澈何處着一點塵翳

第二十冊　卷五十九

肫肫其仁　一節　歸有光

中庸言至誠之功用各極其妙而深贊之也夫經綸立本而知化皆至誠自然之功用也而詎有不極其妙者哉中庸舉而深贊之可以見體道之極功矣今夫道之淺者擬議之可能道之精者盡言之難盡孰謂至誠功用之妙可以一言而盡哉是故常見其經綸天下之大經矣立經垂準以扶萬世之綱常使天下由其道而不敢褻而不可以靜為之迹窺之也理之繁者各如其分而樂人之經綸肫肫然是亦仁而已吾知仁體天下之事而厭人以事知天下之仁人能之發於固分與施而所之者寡盡攝於其間者盡夫人而皆能該其衆

（旁批）見誠之事不常見
（旁批）○上○文○斯○入○○○○如此說便成兩件也不是其本光仁字
（旁批）○是○說○
（旁批）同也如此說不詳

是極之懋建焉世儀矩而所以周流涵育於其間者亘萬世而如是

其心蓋聖人之所以體道弘化者存乎迹而非其所以可也故不謂　淵也

後解中庸矣此之義○果○清○如○此○所○為○以○名○之○之○矣

之迹而謂之曰仁而後天下始知以仁觀聖人之迹而經綸之妙有

書二語一意寫

如此也○常見其立天下之大本矣凝神淵默以植萬化之主宰使天

下景仰其德而不可測而不可以有外之量之也蓋物之靜深者　仍是如天

如淵上說法

莫如淵而聖人之立本淵上然是亦淵而已吾知淵立天下之有而

聖人以心為天下之淵寂然不動以類藝乎不一之感者究之而莫

得其底止湛然綿焉以包涵乎不窮之變者窺之而莫見其涯涘焉

聖人之所以經世宰物者由於心而不淵於心也故不謂之心而謂

之淵淵而後天下始知之淵淵聖人之心而立本之妙有如此也崇
見其知天地之化育參讚性至命以探造化之玄微天下以為神而
不可知而又不當以聞見之知擬之也物之廣大莫如天而聖人之
知化浩浩然亦天而已吾知天大無外而聖人之心亦無外淵衷也
游存廓憮浩蕩而不虧其太虛之體帝德之所運渾淪磅礴而不繫
其範圍之神蓋融而小者所以屬於人廓而大者獨能盛其天故不
謂之人而謂之曰天而後天下始知有聖人之天而知化之妙有如
此也一定則有是至誠則必有是功用有是功用則必有是妙用之妙
此至誠之道所以為至也歟

若在其淵其天。此言聖人自心之天淵也。而此文曰是亦仁是亦淵是亦天。則與如天如淵無別矣。語意當曰肫〻乃其仁也淵〻乃其淵。浩〻乃其天也。艾千子

艾評確註云。非特如之而已。今該棄止淵如之義。皆因先生簡仁淵天在前。而此至誠轉念遷他說。淵默渾括。成兩件耳。艾又羨其如名山大江。作鎮九州。非可句字論。子謂此卻不止句字之失。正山失其高。江失其深處。千子但以浚氣為高深。又何以異於論句

肫肫其仁　二節　顧三典

極形至誠之心體、有未易知者焉、夫其仁其淵其天、皆天德之體於心者也、苟非其人、孰能知之哉、且世有至誠○必無不可與世相（兩節○一口仍○是○以○首○節○作○主）見之處、而要其誠之所自具勢不能進斯世而喻以所以然故論至誠者一擬及於至誠之心體、則亟願更得一至誠焉以為非是而此心將無與至為証也、如至誠所能、皆無所倚、若是乎至誠之經綸也、孰不知之、而抑知其浹洽於大經中者何情、至誠之立本也、孰不知之、而抑知其靜涵於大本中者何境、至誠之知化也、孰不知之、而抑知其通極於化育中者、何所窮、又何所際、則吾烏得

而意想焉肫肫乎積而必流嘗餘乎其貌以是爲不容已也活而
莫解獨於子其真以是爲不可僞也是其仁也意即天道之所以（伏天字）
流行於人心而不替者矣顧誰則知其仁矣（即唱起知字）淵淵乎即而求之不
得其處以爲有自藏焉息之深也時而出之莫窮其裹以爲有從
來焉源之長也是其淵也意即天性之所以澄澈乎人心而不淆
者矣顧誰則知其淵矣浩浩乎萬物在圍不得其域第以爲處其
下焉量覆之也一物不交莫見其涯第以爲裕其施焉氣運之也
是其天也意即天命之保合於人心而不散者矣顧誰則知其天
矣（緊）莫惟固聰明聖知達天德者徇齊之質裕乎生初純修之功通

於皇降其心自有仁焉自有淵焉自有天焉寘焉內含已在莫可名言之表而適與其仁遇焉適與其淵遇焉適與其天遇焉曠然相感各有不能告語之端以是而曰知之則真能知之耳苟不然者將由思以求知而其仁其淵其天非以思而得也則非思所能知也將由勉以求知而其仁其淵其天非以勉而中也則非勉所能知也問所謂肫肫者何情乎問所謂淵淵者何境乎問所謂浩浩者何所窮何所際乎雖欲知之其孰能知之哉吾不意至誠之未易知如此也甚矣至誠之盛也

抱上

三頓一句跌落愈醒

見聖之難

神完氣足

荀緣緊密機神流暢

第二十冊 卷六十

周人百畝而徹　　楊華集　周　路

稽周制之取民田益增而名亦異焉夫授田百畝周之制也命之曰徹豈非數益增而名亦殊哉且昔我周之王天下也體國之外獨詳經野故臣嘗讀周禮一書見夫邱甸縣都昭其制溝塗畛洫析其條其所以致太平而垂令典者覺田數益增錫名亦異猶令人想見同力同心之盛焉五十七十曰貢曰助此夏殷之制也而周人則何如稽播種於虞廷實並司空而奏績則辨土宜而定賦宜遵則壤於前朝而何以匠氏爲溝竟忽易乎禹甸畇畇之舊考芃荒於豳邑依然商室之候封則撫疆理而安畎宜紹典型於滕國而何以載師任地若一新夫商邑翼翼

之常。爰稽周人蓋百畝而徹。云夫周之疆域與夏殷異。夏當隨
刊甫奏。粥胝祇及五千。殷雖幅員孔長。而畿內屢遭河患。至於
周。則輿圖闢矣。園廛漆林之外。縱有一易再易之殊。究之墳衍
原隰。無往不可以田也。立百畝以定其經。而疆索之縱横盡是
耕耘之隴壤。授田計畝。無曠土者。亦無游民。先王之量地以制
邑者。謂非監古之宏規歟。且周之戶口與夏殷亦異。夏當氾濫
初平。百姓尚難生聚。殷雖稼穡匪懈。而九圍未賦。殷索至於周
則生齒蕃矣。主伯亞旅之儔。大都八口一家為率。況夫吉凶賓
嘉。無在不資於耕也。酌百畝以垂其制。而閭閻之日用。悉勞君
相之經營。出作入息。可仰事者。亦可俯育。先王之度地以居民
者。不亦咸正而無缺歟。溯公劉陟巘之年。則徹田為糧。已肇始

基於西土顧昔則僅行一邑繼則偏及九州也雖今日者六王
無述古之心浸以稅畝自誣其宗祖而苟念甫田歲取尚紀十
千則本朝成賦之模不且昭如雲漢乎念斯徹也亦猶尚忠尚
質而更以尚文焉耳迨宣王平淮之日則徹我疆土猶遵成憲
於先王顧後則率由舊章前則特頒新政也雖今日者秦人收
大半之賦幾以宗周等視於弁髦而苟念駿發爾私終三十
則昭代取民之制不猶爍若日星乎撫斯徹也亦如建丑建寅
而易以建子焉耳其實皆什一也試進而詳其義

典贍高華議論精確

周人百畝　徹也　三江遞甫集　徐應祺

周亦不過什一而徹之義可思矣夫周非有加於夏殷特異其名耳繹之曰徹徹之意不可思乎嘗思徹田為糧豳居時已然矣惜乎立法命名之意周先王未嘗明示後人也抑知分田固不符乎前代而取民非獨重乎本朝則按其立法而小民莫不知為一體者亦核其命名而後儒不必別參一解也夏殷之貢助既有五十七十之異矣若夫我周以穡事開基無甚異下民之意舊章是率存監法二代之心曷為受命則有百畝民則曰徹得毋名異即義異義異即實異乎而非也頌甫田者歲取十千意者即百畝中併計君民之所有乎而君所應有未知其實

也定其數有百增其畝不增其稅不必謂開墾較夏殷日廣爲
吾周釋其疑詠高廩者咸稱萬億意者即百畝中統計上下之
所得乎而上所應得未悉其實也立其法曰徹改其名不改其
制不必謂步尺與夏殷不同爲吾周原其說百畝而徹其實無
異貢助也皆什一也且夫周人之制同於夏殷而必別之曰徹
此何以故蓋莫患乎君民有畛域之形以終歲勤勞閭閻既極
胝胼之苦而廟堂不知稼穡之艱此其象爲睽睽而不有以通
之周先王之深慮也又莫患乎上下存爾我之見以田間豐歉
朝廷本痛癢之相關而草野偏隔膜之相視此其象爲困困而
不有以均之周先王之大懼也周人之所以名徹者無他意也
徹也主伯亞旅民力易處乎分於是分者通而行之徹之所以

合而作也周家酌劑盈虛時存休戚與同之見但使百畝中無此疆而爾界則民依之永念在此矣為之繹其義曰徹想見貸恐其棄於地力恐不出於身四海確有大同之象禾麻菽麥物力實有不齊即不齊者統而計之徹之所以平而準也天子巡行郊甸時切豐凶與共之心但使百畝中歲念此時和則上天之降康在是矣為之思其義曰徹想十一民富不至獨貧民貧不能獨富後世勿開税畝之風試更言助之義名不同而實則同三代如出一轍也

見解獨真語無泛設

周人百畝　一也　　新潁集　常豫

周制產益加厚可合夏殷而核其實焉夫百畝之徹固與貢助殊其制者也豈知其實初無殊哉什一固三代定制耳嘗思三代以來惟周以穡事開基於田賦之制視二代為詳要之必詳其制者變通所以盡利而不易其制者畫一所以宜民故夫授之於下富益加富取之於上多不求多固可綜前代而得其定制所存已五十七十夏與殷既以貢助各立取民之法矣爰及我周人不即可相沿相襲而無事更變哉乃一則曰徹田為糧再則曰徹我疆土而其授產必增之為田畝何居畝因乎地無論周原之荼堇古公以攘剔而盡闢乃十二土之名物隨地以

課耕凡沃壤之宜於種殖者不稍委之榛莽而又有用糞用麃用緪用豕之法因物性以化肥磽則裁制精而野無棄地司所以視夏殷而地不虞其不足也畝酌乎農無論地官教稼穡其屬之董勸有專司乃大司空之六職因人以授事凡餼稟之給於官府者既各世其箕裘而又以士田賈田官田牧田之類咸力農而課歲入則職任判而民不爭田周所以視夏殷而農不患其有餘也定以百畝何必沿襲乎五十七十哉然而其制雖殊其實無殊也皆什一也蓋就一而論似貢取於什之中而助徹取於什之外不知周制以耕百一十畝為百畝猶殷制以耕七十七畝為七十若夏制當以耕四十九畝半為五十故周以十畝為一與殷以七畝為一夏以四畝半為一其實同也使非

核其所耕之實則責之一秸稈悉分於數口助徹之一顆粒不費乎斯民而詎得謂三代無殊轍之舉就什而言似貢尚絀乎什之九而助徹且贏乎什之全不知周於君之百畝以二十畝為廬舍猶殷於君之七十以十四畝為廬舍則夏於君之五畝亦當以半畝為廬舍故周以八百畝視八十畝為借與殷以五百六十畝視五十六畝為什夏當以四十五畝視四畝半為借其實同也使不核其所取之實則得什之九者井灶究在何田得什之全者場圃尚多餘地而何怪後世有履畝之條百畝之與五十七十不外什一如此可不由徹而知所法與

周人百畝　貢者

新硎集　蔣適用

徹亦同於貢助也論善不善者進核夫貢焉夫徹之同於貢助者取民之什一也而治地有善不善之分則盡即不善之貢而進核之矣且我周之先世爲農官其於二代取民之法不特善者闢之謀即不善者亦計之審矣其後經邦定制即監二代之善不善者而損益之故良法雖異而美意則同論者立乎本朝以追思二代其善者固不必縷溯其不善者不能不進按也如夏用貢而殷用助使所謂貢者果有善無不善也則殷人不必變貢而行助矣使所謂貢者果盡善而無一不善也則殷雖行助周人又必變助而行貢矣而不然也周人蓋百畝而徹云夫

論徹之制不特變夏之貢亦且變殷之助我周王作則因之不必概同乎子如而論徹之實不特同乎七十之助亦且同乎五十之貢我周王取民有制可告無憾於禹湯然則周之徹固與貢與助同為不易之善法也然而周之徹實監於助之善而徹變其名監於行貢之卒有不善而不僅變其名者也變其名者徹之為徹不同於助之為藉也不僅變其名者師助之善不師貢之不善也夫善不善之說豈予一人之私言哉龍子嘗先言之矣不觀其言莫善於助莫不善於貢乎則盡即貢而覆思之乎經權之相濟也貢為用徹者所不廢亦為用助者所宜行乃彼或妙於貢之外此則泥乎貢之中也能勿即貢而靜念其始常變之相通也貢足以濟助法之窮即可以為徹法之本乃兼

用貢而不患其拘專用貢而每苦其滯也能勿即貢而直究其終夫周之行徹未必舍貢而專用助而貢之流弊誠有如龍子所云之不善者雖皆什一乎而其不善之異於助並異於徹者可得而進言之矣

靈思妙腕不為題窘

周曰庠　　存真小抄　黎宗鏼

溯庠之所自始惟周則然也夫周繼夏殷而興似可以校序名而獨曰庠者亦各有所取耳且我周之興也大老有來歸之樂斯民無凍餒之虞一時引年尚齒而上庠下庠之制開焉迄於今豈鎬聲靈已更數百年矣問其名而父老皆無能道者蓋周道之凌夷久矣以臣網羅舊聞竊見祖宗創作班班可考試為溯所稱名而昭代之規模猶然其在目也夏則曰校殷則曰序而庠之名又何自昉哉蓋觀於周而恍然矣謂帝廷禪受適足以禮讓之風夏之校有由名則試問服事之忠誠亦何殊於揖遜也塗山千古岐山千古後人所以兩無異議也況麟趾關

雖禮教久行於宮闈胡弗以琴瑟鐘鼓之雅化施諸閭閻夏既以校名周何獨以序名乎不知夏之時風俗喬野鄉黨尚有敬老之遺周則巧利漸開籩豆几筵無復篤念其耇長不治而草亦所過之時然耳我觀去豳走馬之日詰誠難已猶驚心於耇老之倉皇先世之家風猶求已舊命之曰序蓋欲以衣帛食肉者示天下以引年之義也迨其後驪山烽火故宮黍離廢朝之禍變亦幾閱變遷矣然而過周京而問舊章名號依然其可識焉夫豈其茂草紙樵莫由指證也哉謂亳邑征誅宜有以靖干戈之氣殷之序有由名則試問會朝之駟騵亦何殊於放伐者牧宮之攻牧野之誓古今所以傳為盛事也況騶虞貍首禮射曾試於軍民則胡弗以左弓右矢之高風行諸里巷殷既以序

名周何獨以庠名乎不知殷之道峻厲威嚴鄉里猶有犯齒之懼周則寬仁是尚箕帚誶語必將凌侮乎老成不因而創庠所處之會然耳我觀孟津誓衆之時受罪多端獨傷心於黎老之播棄獨夫之無道豈可效尤命之曰庠實欲以齒錯爵醻者示天下以尚齒之規也迨其後匪風興歌下泉致慨八百之河山亦久嘆流極矣然而懷周室而思王制名稱依然其未艾焉夫豈其典籍銷亡莫由採摭也哉

詞氣高雅根柢蟠深

明清科考墨卷集

第二十冊　卷六十

周曰庠學則三代共之

從新集　繆文溶

稱周所獨學則王所同也夫庠繫於周與夏殷之校序異以國學三代不共此名乎嘗聞古之學者黨有庠國有學說者謂夏殷之制非周法也不知周之鄉學與夏殷異周之國學與夏殷同其異者尚年以開天下之風俗鄉里莫不稟其規也其同者首善以一天下之人心聖王莫能變其制也夏殷之曰校曰序周則乎學而名之也我周監於二代五物之脩何莫非敬則與夏共之可也五物之詢何莫非射則與殷共之可也然而周獨曰庠者豈無說哉黎老傷播棄矣苟習鄉不知尚齒何以立他年俊選之基命之曰庠恍然見執醬執爵朝廷猶重乞言

知其來自田間敢不竭趨承而崇耆長周之不與夏共者此也二老既來歸矣使觀鄉猶有遺年何以培異日書升之本名之曰庠凜然見祝饐祝哽上都特隆耆耇矧其丞我髦士敢不敦禮讓而敬老成周之不與殷共者此也顧或者謂庠之名不自周始并不自鄉學始昔者有虞氏養國老於上庠養庶老於下庠自夏迄殷上庠虞東而周則西郊小學猶曰虞庠意者周天子以孝治天下故於養老獨詳行葦曰緝御言博史也曰祈黃耇言告黃耇之人徵而養之也思齊曰雝雝在宮宮者辟雝宮也羣臣相助養老故尚和也由斯意也州里[illegible]於邑大夫勤於執諸侯帥於國鄉之學何不可通於國哉然而周之學與夏殷共之者何也文章亦風會所由分而有不得分者天子視學會

歸皆皇極焉雖我周禮崇鄉飲迎庠獨異先朝而雍容而講壁
水之儀知司成論說猶存東序之遺太師詔言祇守瞽宗之舊
安邑此學景亳此學豐鎬亦此學三代不能損三代不能益也
而膠之言糾泮之言班無論矣制度隨質文為遞變而有不可
變者京師建學聲教達萬國焉雖我周典重引年朝庠特殊前
代而會華以聽橋門之化知春丁用萬月令徼乎小正秋仲合
聲周官參乎王制立世室者此學設重屋者此學闢明堂者亦
此學三代不苟同三代不立異也而辟之言積雍之言壅又無
論已學則三代共之豈若鄉學之有異名哉然要皆明倫而已
矣

第二十冊　卷六十

周公

廣東校士錄　温文鎔

以聖子而師聖父其人有足思矣夫周公以文王爲可師然可師者不獨周公也公明儀能勿進思其人乎若曰今者不幸生周〃〃後不獲公之提命又幸生周公之後得聆公之訓詞蓋以子法父同堂之樂育彌殷而由後溯前曠代之追思益切德音未渺赤舄如覩正得於年湮世遠之時景仰其人而弗置矣文王我師果誰師之而誰言之哉彼蓋洞悉乎秉彝之美統古往今來而大同而本身作則使人羣然於誕保之元臣彼又早知乎懿好之良統聖凡賢愚而各足而大聲疾呼使人穆然於勤施之家相我仰其人殆周公云或謂周公身爲人子宜宣其

說於聖不可知天生使獨之域以尊我父使後世咸知哲后之不可幾倘周公而果若是則周公不足念矣或謂周公才檀制作宜誇其言於前無古人後無來者之詣以彰其身使後世皆謂自我而作之古倘周公而誠若是則周公不足思矣而抑知周公不爾也然則睢麟官禮之精見諸實事公殆自道乎已經初非為後世言與則周公為自言之周公周公亦止自信之周公也而何以千載而下聞其言者猶藉藉於周公然則望散畢榮之輩皆屬聖賢公乃即己以相勉初非為中材言與則周公為相勉同寮之周公周公亦止見信同寮之周公也而何以愚魯之[illegible]聆其語者猶欣欣於周公碩膚之容渺矣其容渺者其言常留設斯言既出而有委靡不振以明保之資推公謂予實

公讓者則公必勃然怒夫既為勃然怒之公則公者勞作之勲著矣其勲著者其言彌昭設斯言既聆而有奮發自興以常人之輩視公謂予實公寄者則公必欣然喜夫既為欣然喜之公則公明蓋在周公則父導以先路公步厥後歷未遑多讓而在後則上聖安而行下愚勉而企無庸自安豈欺我哉

作承合矩俯注如題

周公方且膺之　小題精選　梁鳳羣

元聖若遇異端在所必膺也夫周公嘗膺戎狄荊舒者也若遇許行不能免於膺乎且陳良悅周公之道即為周公之徒也何嘗見棄於周公哉顧悅周公之道則為豪傑之士可以頡頏於儒林不悅周公之道則為異端之徒必至誅鋤於聖世彼生於夷而圖於夷者若與聖人同時未有能免於攻擊者焉嘗當流覽篇章可以憬然而悟也魯頌言戎狄是膺荊舒是懲夫懲之亦膺之也是非周公之志哉秉旄杖鉞公曾佐武戡亂以陳牧野之師初未聞其膺戎狄也然而可以意會也戎狄強橫與紂奄而同罪則長蛇封豕斷難逃斧鉞之誅矣[illegible]斧鉞斯公因管蔡流言遂有東征之役亦

未聞其膺荆舒也然而可以理推也荆舒倍叛與武庚而同情則
豕衣繡裳亦宜動雷霆之怒矣夫戎狄與荆舒周公安有不膺者
不謂今竟有戎狄之鄰也今竟有荆舒之人也使周公在於今日
方且正夷夏之防方一嚴邪正之辨方且恐其以披髮文身之俗
亂我冠裳方且痛其悖禮滅義之行壞我政教方且絶其往來
而不為荆蠻之逃獯鬻之事方且奮其威武而莫畀昆夷之伐徐
戎之征其罪狀未著者方且移其居徙其地以投諸西裔而不容
托處於中州其罪狀已著者方且戮其人火其書以垂戒萬年而
免致貽害於後世則其膺之不遺餘力者豈待問哉吾是以因周
公之膺而為彼幸且因周公之膺而為彼惜幸也其未遇周公也
使其生逢於盛世則遊逐於遐方驅除於異地彼將無所容其身

使其生逢於盛世則迸逐於遐方驅除於異地彼將無所容其身今者踵門請謁于于而來前雖賢君良相且忘其為遠方之人也此則膺之所未及其徼幸苟免者耳擿也其不遇周公也使其見正於聖人則聞道德之説游禮義之鄉彼或可以復其性今者托業鳴高矯矯而難異斯瑰意琦行且恣為非先王之道也此則膺之所不盡其懲創無緣者耳然而周公若在周公固膺之也周公不在豈遂無膺之者乎試觀萊兵之刼仲尼亦膺之三苗之竄堯舜亦膺之則闢聖道擊異端固吾儒責也其達而在上則陳師鞠旅膺之以兵戎方將援公以例且窮而在下則立説著書膺之以口舌亦且與公有同情乎于非惟不膺之而且從而學之誠為周公之罪人也視陳良悅周公之道豈不大相懸絕哉

周公豈欺我哉　補短

竟陵考　王廷芳

聖不予欺而滕地之使其齊者、乃夫周公之言文王我師
周公誠不予欺也、而滕地之長短不齊者、不有絕之補之之法
乎、今使有向善之誠、而無前言之證、不足堅彼信者而使之不
疑、守井地之故、而少規爲之法、尤非謀國家者之所以爲計、顧
緬善繼之元公、追惟遺訓、思其言自可堅其信而溯提封於卜
正、顧瞻疆域、按其地先必救其偏者也、如公明儀述周公之言
曰、文王我師也、夫曰我師、一若文王卽我、我卽文王、我與文王
無所分其短長也、明矣、然則周公之師文王、正文王之可師也、
文王之可師、卽周公之不我欺也、稽古而想遺言、仰元聖之斯

傳久已師承有自倘謂聖凡原各異天資之稟賦不無此有所短而彼有所長而豈知性有同原古訓原堪取信也雖今日者昔人不作不無疑議之端而古語如聞諒亦不乎誣者試思心傳克紹師之為麟趾之仁治法克承師之為周官之政在周公纘述前型第自白其衷懷原無徵信後人之意而追思遺訓真有可信而無可疑者人人同此性即人人皆可師也聖論其堪徵也能無深嚮往之誠哉是知思古聖而想名言述古之餘原堪信者而按輿圖而心沛邑職方之守尤必規方翹首而觀帶礪視平邱之土地久已同受侯封則雖疆圍或參差而叔繡之屏藩原無異於召公封燕周公封魯不得以地或零畸措置遂忘歷念也雖今日者鯨吞日甚不無剪滅之處而守土依然正

有當為規畫者吾觀齊楚介居空言兩雄之虎視曹南受辱徒傷與國之憑陵在滕撫守方隅即令益寡衰多原無救此時之敝而分茅胙土有其地正可布其規者奇衰有必辨即贏縮有必均也河山其尚舊矣亦當思飭齊之道哉將五十里猶可以為善國此言良不欺也為國者亦當知自克而無安於卑近也哉

情文並茂雅健雄渾俯注仰承題位一絲不溢是真寢饋於大家者

周公謂魯公曰　一章

崇文　許乃和

法君子以造魯元聖之訓也夫親親尊賢敬故使能君子之事也周公以訓伯禽有以哉若曰汝今者往即乃封侯於東土無依勢作威無倚法以削其合宮府内外悉孚以寬大之一心庶幾庇爾本根崇爾宰輔任用爾老成懋簡爾新進用以宏亮鴻業贊揚廸哲俾雍容揄揚著於後嗣往敬哉無替朕命我周忠厚開基肇造區夏燕歌黃髮騤侯也學拜丹書尊賢也壽考作人錄舊也虞庠造士育材也奉君子為模楷爾有辟其刑之慎斯四者以往予不惟若茲多誥惟皇錫福俾親親為先而親者尊詞也貴於親者十世

所常尊於親者百年喬木遠於親者六計廉能異姓咸分鞶帶之榮同宗更協筆贊之雅此常華所以先伐木而歌也惟后綏獻得人為貴而人者統詞也人本世系肯構肯堂人本世勳作舟作楫人本世德維幹維楨師濟既重腹心之寄左右咸收指臂之功此棫樸所由繼序綿而詠也吾於是互形之對勘之順而推之逆而泐之爲言乎互形也弱枝何能强幹遠閼親斯小加大故觴酒豆籩之釁卿士爲之寒心棄故誰與謀新獻元老則疎正人故河山風雨之悲志士爲之隕涕古君子開國承家初非以苛察廉明爲治也爾小子其慎毋忽呂命言乎然對勘也睽譜誼於公家親爲邦本

瑑曰故舊則高曾規矩古拙而獻其衣冠嚴奉屬於太宰臣爲邦
摹擬曰人則侍御僕從奔走而任其鞭策古君子建邦啓宇尤非
以束縛馳驟爲能也我國家禮亦宜之由是而順爲推屏藩翊生
親之中有大臣簪笏傳家大臣中有故舊門楣累葉故舊內并不
之人誼美恩明用普官禮雖麟之化無皇天而昌厥後奕禩猶被
休風焉愷悌君子由此其選也由是而遂爲淵彈冠特簡新知人
豈皆故舊襲爵本無成例故舊豈盡大臣膴仕勿此本宗大臣豈
皆親胄培原固本聿奠累朝磐石之基保爾宇而乂王家人才用
是振興焉樂只君子此物此志也繼自今明作斯克有功惇大乃

能成裕宗盟樽俎爾勿施之卿貳鳴鐘爾則以之櫛沐酬勳爾無遐棄爾輔馳驅效力爾毋求備一夫是訓是行俾克紹前人烈有典有則明敷遺後人休都哉用簡相爾

變平格為奇陣其縱橫出沒極見鈎心鬬角之巧

周公　許

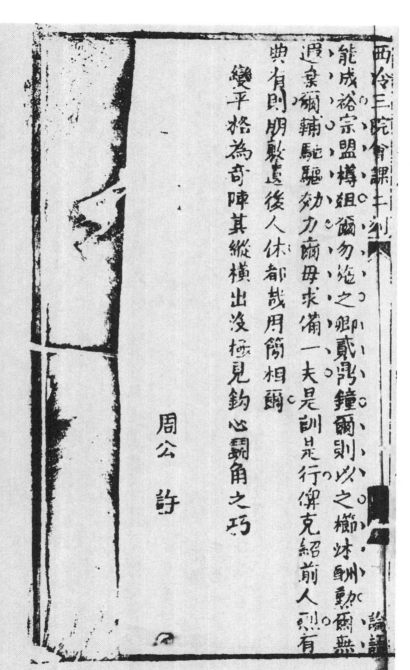

○○○垂拱而天下治

馬孔授

周王以無爲〻化、可擬其致治之象焉、夫以天下治天下自不見其有爲也、武王之垂拱其治象誠足紀哉、且我周之服天下以武（氣局○扒○散○）而安天下以文一代敉寧之盛遂莫彰于此焉我觀武王封建成矣官使衛矣教養立矣信義明矣當是時毋乃不自暇逸耶然而無庸也抑其時豈遂清凈爲理耶而自泰然也殆垂拱而天下治云[illegible]治之世其治合總亂之世其治分然世不同而道則同行一（措○語○非○俳○誰○其○精○切○）千事而天下可以無事建一二功而天下可以息功豈猶存戡亂之名哉天子穆〻而四國皇〻疏纖之外無化理焉已守成之代

書經文鈔　　武城

其治逸創業之代其治勞然代有殊而德不殊歟天下之才智于功名而德意不置約一世之性情于道德而攸好咸宜夫寧有駕馭之勞哉其政不煩而其民不擾勞覓之餘彰順鞾馬已無逸者聖人之心日休者聖人之度放牛歸馬非止粉飾太平之文而天下共樂永清之化論功業以有為為優論德化以無為為尚禮明樂備無所矜其受命之奇而天下已享無事之福于是見周之德與周之所以王也後之作者其亦覩效于此哉

神王氣沛

筆墨古雋氣象崢嶸不負此題　原評

掃去浮詞華吐纍經之外則其出妍

知人也

江蘇張宗師歲入
昭文縣學二名 周燿

知足以知人後聖之所以可俟也葢惟于人無不知斯於治人之道無不至也後聖雖遥夫何不可俟歟今夫君子而繼天立治而（兩山其氣在我襟袖）亦立人之極者也夫人事日趨於新而能有以立其極則已統前古後今之際而莫越其範圍自非於人之性無不明而謂經緯所施使後之視今猶今之視昔也有茫然失其所據者矣君子於後（議論高人數）聖何以俟之而不惑哉秉乾綱以宰制萬端凡所謂衆一人之心思以範天下人之心思而百世攸宜者君子祗以開人之性非矜其智之有獨優也然而智固足以通之矣建皇極以經綸庶務凡

所謂令天下人之聰明皆攝於一人之聰明而後聖莫喻者君子
祇自順人之性非示其明之有獨覺也然而明定有以鑑之矣一篇
道莫備于君子當其本身之際已早舉吾生之性而體之至晰研推究根本
之至精一即其徵民以來又早合生人之性而會而歸之以協其中
析而衡之以要其當故出其所知不雜於人所共稟者而悉有以
探其蘊而又非強以相索也夫人同此性即同此心君子盡已之透亮
心以合人之心而心自無所於隔心之不隔者道之所以交孚也
即令後之聖人志高前古必欲獨創其規模終不能擴此心之宜
以與世更新驊鉶與之煌煌自百世無殊觀面已推其所知不雜

知人也（學庸） 周燿

於人所各具者而咸有以究其原而又非泛以相考也夫人同此心即同此理君子全己之理以窮人之理而理自靡所於遺理之靡遺者道之所以無弊也雖使後之聖人度越百二必欲別顯其張弛終不能舍此理之歸以自昭法守觀鴻烈之彰彰自百世俟若同堂也知以定夫禮而禮止狀人之紀知以裁夫度而度止閑人之紛知以煥夫文而文止發人之光其適如乎人性以相為馭者在君子不敢蔑視後聖而或出于驕即所知以為讓而禮必有以與人之行即所知以為制而度必有以防人之欲即所知以為考而文必有以覺人之蒙其發協乎人性以相為治者在後聖又

（合到上句神理完足）

（商到本旨上）

何至顯違若予而或等於盈侯而不惑九以後聖猶是人耳而又何疑于三王也耶

氣宇閎暢研鍊亦細

知人也　周

○知天也

浙江汪學院科入 鄞縣學二名 袁光瑩

惟心通夫造化之原、斯道合於幽明之際、蓋天者造化之所自出也、君子心知乎此則幽明一理而尚何疑於鬼神哉、今夫天體事

便自融洽

而無不在鬼神體物而不可遺是二者固合一無間者也人惟丕明斯理○始疑鬼神為虛無而豈知功用之顯皆無非天理之發皇此中實有默相契焉者而非其推測之謂也然則吾所謂質諸鬼神而無疑者豈徒探之茫茫索之冥冥以疑事而自信其可質也

談一透宗局不在多

哉鬼神者雖曰杳渺而難憑然而二氣之屈伸實則一誠之通復天雖曰幽深而莫測然而品物之流形不出乾道之變化也並鬼

均不離乎氣而理寔爲氣所從來鬼神不滯乎形而道寔爲形所由始是則所謂天也矣者命之無妄合幽明而一致者也君子自

知宇來歷

德性既尊而後已洞徹乎此精之原則鬼神之無形無聲即天載之無聲無臭而凡參贊經綸𦈡天命之自然則幽何間乎其明蓋理之寧也而已至於命矣天者道所從出統微顯而一原者也君子自問學既道以來已研極乎機緘之妙則鬼神之不見不聞即天理之曰明曰旦而凡栽成輔相悉皆天道之當然則微循之乎其顯蓋性之盡也而已通極于道矣君子惟知乎此故卑審倫

王云又從知天微轉三重之要然後說出仰即能達

物因時損益何一非盈虛消息不得不然之數此禮所以微地樂

所以天以之別宜而居鬼歛和而率神者也而尚何疑于杳渺
而稱憑制度文為與時因革何一非陰陽合散原始反終之理與
精氣之所以為物遊魂之所以為變以之郊焉而天神格祠焉而
人鬼享者也而尚何疑于幽深之莫測夫鬼神世之所為虛無者
也而聖之不疑如此則夫天地之顯而易見者其建而不悖又何
疑哉

天地鬼神皆天也故知人之理則鬼神無疑而天地已在其中
於此說得甚融徹且帶定三重不與二十章知天混文亦安然
有書卷之氣　王汝山

天與鬼神總是此理○惟其能知所以能質也○字字語脉自應爾○他家但無此詮發耳○老當然二比○摧切三重○老手如翼聖猶服其湛深經術○吾何間然○乃山云言鬼神則天地有知後面補得斡家○

知天也　表

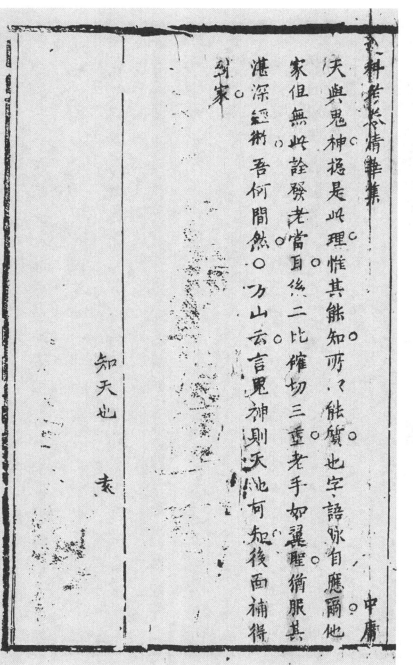

知天也　至　知人也

倪以魯

道以知天爲極而開來之故可明矣夫天也人道出焉知天則
契鬼神以合天地而啟後一本承先不以知人哉且古帝王神
靈首出一誠契天故繼天立極而彝倫敘俾後王率爲來者有
以知幾其神不虛也蓋誠爲天道誠之者極於人即至聖人復
起可預必其不易是非情義之神也乎知君子之道禮以修人
紀度以利人用文以典人事而處民信從君子因決其觀化於人
也無疑矣乃曰質者鬼神何哉蓋以鬼神一天也吾於此得推其
故焉天之通也動而生陽王者敦和以率神天之復也靜而生陰

考卷衍選四集　三十五　中庸

王者別宜以居鬼而凡章服之儀象覆幬形聲之義配陰陽罔不奉若乎天者可思也夫之元亨華其和於春夏王者大樂與天地同和天之利貞凝其肅於秋冬王者大禮與天地同節而凡虞衡之制根律呂文字之制通乎爻罔不宜合於天者可思也蓋天誠而已君子自遵德性以求無貳無雜以吾性中之天知之知天則與鬼神合其吉凶而天地合德一內比夫而後天之道可通於人矣且有天地然後有萬物有萬物然後有男女有男女然後有夫婦父子君臣上下有夫婦父子君臣上下然後禮義有所錯但昔三王之制作可事不本天徵人又况天秩天叙人所率由則推

之四海皆準者亦揆諸今古同符而所謂百世以俟聖人而不惑
非由道問學後知人求乎慎徽五典敦敍五秩孰非循乎人所本
然不然有人心之天也千百載以上此心此理無不合千百載以
下此心此理亦無不合知人則原人性以陳常是彝是訓永賴焉
世矣其誰能違之納民軌物齊民胥與孰非因乎人所共喻共喻
者見天之人也法之所以通變者不必盡同道之所以立本者不
能不一知人則準人情以定制有存有行倫理守之終古矣其誰能改
之盡人受天之中以生知人則神以知其有不知以識性會觀於
此乃知君子體乎發育峻極之原徵乎禮儀威儀之賾既明且哲

然後敢議焉制焉考焉憑乎天而順乎人驕於何有

老筆紛披元評

以理運法有掉臂游行之樂李梅香

知天也　說

知天地之化育

尤侗

至誠與天地準、盡知所以成能也、夫化育渺矣、至誠知之、奚地者
蔽於中、故觸於上下、原天爲與結象於以識之、實瞻其閒離能
於之物於墟者、窮於膜之謀、劍通幽洞元乎其、書觀古聖人於銅
刻玉周天渾渾、以聯筵測土正圭景向老老、乎乘晝夜、何[illegible]則
通戶庭已攸也、由經綸立本、進求至誠爾[illegible]
之合德也與哉、道范鴻濛者、雲物生於膚、淵藏蘊於心、溢日討錄
不同、嘗驚萬彙之列、爾秀爾紛、徵乾坤而表裳之體撰也、其於功
勢與行深潛、不在琁而感秩、非宅鎬而懷柔、望河卜神、並止責許行

乾坤之奕是故至誠於天地不唯配之至誠於天地之化育不惟贊
蓋天地生乎天蟲龜龍故能生不能成鳥虛昴火日星參嘗約
寶藏興焉遺墟不開相告至誠知之有補相之宜豐歉聽矣故
周於乳壺步勢方與遍山川於浮鬱蒸氣之所寧而理推焉
宮之家四序不能逆方尺之所爲甲不能鑑則知神濟於所未
天地而勿違一入地而能文能闔不能節好爾而其畢各見其
情或溢或崩陵谷日生其類於誠爲之宥裁成之方時令叶與元
樗位於西北與壞冀與江漢浮於東南蓋象之所動而變通焉月
令之書勾芒元冥奉於數焉價一紀流沙積石宅於經則時憲聽

知天地之化育（中庸）　尤侗

明所以後天地而奉若於是行其知以化育為政五德之運彰而
天地入制度之中焉南嵎北昧帝有重黎之司東作西遷王有羲和之職
方之掌以至鳩化虹藏萍生州殺莫不詳辨以命工虞焉藥說之
沍而鏡之皆紀衣晏藻間物也藉非知也何以二个之御治鐘
權何以四岳之巡撫金撫火於是明其知以化育為教六經之文
著而天地於簡冊之內焉雨暘寒燠箕告我以九疇日月霽蒙
授我以入索以至石隕鷁飛蝝生梅實莫不備志以記春秋謂昌
雜靜而考之即蓍龜寤寐占事也藉非知也何以三十六變觀
之係章何以一十五國陳之太史三微映楚雲無霰而不鄉六

尤西堂傳稿　中庸

尤西堂傳稿　　齊庸

函心。澤有卓而山瑞俯觀備察茂以加矣。

紙無一語邇入吧谷淮南此為抉經

知天地之化育　　朱元英

即至誠而化育具惟知之者能參之也夫天地自化育而與至誠其知之亦天地之理之不能自外于誠淵而至誠豈有心于其間哉且夫聖人者人道之盡也顧人道之盡而天地之道亦于是乎脩則非天地之能取其事以授之聖人而天地之不能秘其事以自異乎聖人也有如天位乎上地位乎下常相對以終古而無或奪倫者是天地之經綸也使天地失其位而萬物之贖奚以際其性于各正有如天之德健地之德順常各抱其獨至而無有遺憾者是天地之大本也使天地虧于德而萬物之多奚以示其命

是自有其天在　眞於眼前道理無人能

領明眼拈得足破鬼膽

然妙

于無窮然則天地之所以化育者不過一誠無妄而已而至誠固
術數言天不過智計之私
已知之矣立于此而知彼非知之大也蓋巧歷以推測而聖人以
故漢儒尚緯宋儒發經而疏于絡宋爲康節豫意
參而也夫天與地方無言而化且育于兩間而我以私意度之同
原許叢知
畀殆生者機耶是殆息者機耶雖天地亦示以一二而終不與之
宗知知然事知府事之知的當不刊
共知此事之權惟聖人盛德之氣塞乎上下而蒸而為和風作而
都化則善諸其事指氣言木正叢
為甘雨則是聖人之氣渾合于天地之氣而為此化育者也故其
知為無妄之知也處于明而知幽非知之至也蓋卜史以数法而
聖人以心理也夫天與地方潛運而化且育于宇內而我以私計
策之曰是殆吉者機耶是殆凶者機耶雖天地亦告以端倪而終

不與之共知此中之故惟聖人至道之神周乎六虛而人得而壽（合所神言之義理方盡）仁物得而昌達則是天地之神且默合以聖人之神而為此化育者也故其知非人事之知也化育至奇而聖人以了理知之惟正之至則奇者畢效于前而不驚蓋聖人之知之在獨中也久矣撰天地之機而識化育之本及其隙于兩間已属名象之粗矣天地雖奇皆自藏于聖人乎化育至變而聖人以常理知之惟常之至（是下節其字地頭）則變者日交于前而不懼蓋聖人之知之在性中也久已立天地之極而裕化育之原及其見之于事固為紛紜之數矣天地雖變適用以證聖人耳大哉至誠與天地一矣參且贊云者猶形見也

知天地之

朱

大

意中對個浩了其天句寫來鋒矢拒直淮南云好事者未嘗不中若以此為知化育則李尋升堂京房入室矣總志述事與天地一其化育之權自然契化育之故和風甘雨本為化育然涤非說向作用上去正見至誠以其身為天地故能知之後幅見化育已是發出而至誠直知化育之本原歸到大德更為精紉

陳師冷

以新異筆寫陳腐理遂覺無陳之非新若有意翻新便賊惡道

文特注中點契二字見得真說得出耳

知天地之化育　二句

雍正癸卯江南　任啟運　六十二名

與天地同其誠自不與人同其學夫天地之化育乃大本所從出而大經所自起也至誠知之且無所倚則其于經綸立本又何倚焉今夫自天而之人者天之命也盡人以復天者人之功也夫天

黄云側入反入己自岸異

而必盡人以復之則於天命流行之故其始必緣推測以為而其後乃能循途而漸進求其默契于自然則亦難也而非所論于至

徐云其理充足故其氣盛大品邀筆直走我無

誠今夫聖誠而已矣誠者聖人之本天地之心也大哉乾元萬物資乎無之所也化育之體所以立乾道變化各正性命誠斯立焉

黄云一齊打通如摘衣□

一流也以行性之文之其存也為天下之大本人三與一天

之體者以發之為天下之大經人人具一天地之用焉人惟不

併打通所倚心以理實不許

乎天地之心者故其于經綸也必盡心以究其分而後有以窺天

小家然口

地之妙其于立本也必知性以會其一而後有以識天地之藏此因端以竟委知之一道也其于經綸也必先窮理而後尋之以盡性而大本立焉其于立本也必先盡性而後尋之以至命而化育知焉此因流以溯源知之又一道也而若夫至誠則天地之化育誠也至誠之經綸立本亦誠也天地之化育有其體至誠之立本即其體天地之化育有其用至誠之經綸即其用與天地同體則天地之所為靜而專靜而翕者已默契之化育之初與天地同用

○不○是○誌○

則天地之所為動而直動而闢者更默會之化育之際、、焉有與

○炒○壯○

天地同用而所謂經綸尚倚窮理以析道之微倚盡心以極道之

分者乎不待推也不待勉也為父子則自止孝慈為君臣則自止

仁敬也夫焉有與天地同體而所謂立本尚倚知性以探道之原

倚盡性以造道之極者乎不待存也不待養也無一物而萬物皆

仍○適○承○三○句○都○又○

備之理自全無所感而感而遂通之妙自足也夫焉有與天地同

體用而所謂知化育尚倚盡心知性而知天倚窮理盡性以至命

○是○單○承○句○文○成○法○立○

○○誠所以學也并無所為達也大德即化育之源小德即化育

育之用如我之通天地之通無倚至誠之通亦無倚各正誠之

知天地

文也　以無倚至誠之後亦無倚聖人所為與天地合其德者。知天地

勁氣直達。大主考黃崑圃師

其說理也上溯星源下達溟渤故題雖偏絕無斡補之迹。房考徐正宇師

自為鑪而鑄器象物百物而為之備不用補苴罅漏良足張皇

幽渺也。忽以此文為此題第一篇文字讀者試息心參之。黃際

知天地之化育

李廷樞

窮理而至於命、惟其誠而已、夫天地之化育、不外於一誠也、誠既至矣、尚何有弗知者哉、且人得天地之氣以成形、而理亦賦焉、其具是理者、必有虛靈不昧之心、以通於天地、此人之所為異乎物也、然或無所以終其身、此必有蔽之者矣、是故其在天地也、見夫有者未發而無、則以為天地之化如斯耳、而實不知其何以化也、見夫無者忽焉而有、則以為天地之育如斯耳、而實不知其何以育也○化育者天地之迹○所以化育者天地之神○迹可知也○神不可知也○其惟天下至誠乎○以陰之靜而翕也○是育之自有而之

無私而至誠、得天命之利以為義、得天命之貞以為智、義與智既

（濃發方大貼注中無與一字不蘊……原於中）（俱畫佳處）

極其誠、而無妄、則於此見我之利物者即利之所以遂其生我之

（[illegible]）

幹事者即貞之所以藏其用而推之為怒為哀亦無不與收斂歸藏之機有默契者矣以陽之動而闢也是化之自無而之有也而至誠得天命之元以為仁得天命之亨以為禮仁與禮既極其誠而無妄則於此見我之長人者即元之所以資其始我之嘉會者即亨之所以大其生而推之為喜為樂亦無不與發生長養之機

（直用經語太多筆嫌稍放然亦可謂斷至）

有相通者矣且人知靜為天地之心而不知動之端乃天地之心

（千淺精也）

之所見人知有常者為天地之道而又不知隨時變易者乃天地

知天地之化育（中庸）　李廷樞

之道之所以有常惟至誠以誠之不可揜者錯綜其數而遂有以得乎二氣之所由分且人知天地之氣不能有伸而無屈不知氣之屈正以養其伸人知屈以養其伸而又不知其生生不已者未嘗借已屈之氣為復伸之氣惟至誠以誠無息之研說其幾而遂有以反乎一元之所由合究之知非至誠之所私也天地以其易知者示人而人或為氣禀之所拘物欲之所蔽則天地誠而人不誠不誠者固不足以知誠也又豈惟天地哉其積知化育之至誠亦如是而已故必天下至誠而後能以知化育必又有一誠之至者而後能以知知化育之天下至誠也

題則兩知字作一對照亦得　在一句

郭不傳

中比竟異光兼說理之文無纖豪凝滯。李世得

至聖章承上小德川流。與篇首致知相應。此章承上大德敦化。

與篇首致中相應。前言惟至誠為能盡其性盡性所以致中也。

不惟大本句指所性之全體知字亦必從盡性中透出吾性之

仁義禮智實與天地之元亨利貞默契自然非聞見之知矣。中

幅排叠頂斷。東一節文之密體局緊與嘉靖以上前輩大輔遠

爾。

知天地　李

知天地之化育

、徐陶璋〇〇

化育不外乎誠、、至誠心通於天地矣、、夫天地之化育、、誠為之也、、至誠知之、、非即知之以誠也哉、、中庸以為人稟天地之氣以生則凡在天地中者不當體陰陽之撰通易簡之原哉然天地之生以生物其理顯然而可見而人之觀天察地其心惘然而不明則天地之化育知之難也而經綸立本之至誠豈其然人之合散而同變無非天地之廣其類也則大經即化育之迹也豈處人倫而不疚者而猶未窺乾坤闔闢之機性之顯仁而藏用無非天地之立其命也則大本即化育之端也豈全吾性而無虧者而猶未徹大造

（從上落下說理說命）

流行之理知天地之化育至誠之能又如此天地以二氣之分見
者周流於萬物之中氣散而物以化氣聚而物以育皆誠為之也
惟極誠无妄之人確有見於所以化所以育而無彼此之間故二
部理則滿條井毛行文則珠光玉潔
氣之運於天地者陽舒陰慘而不滯其機二氣之通於至誠者原
始反終而不迷其故則至誠之心亦若天地之兩而化也天地以
一氣之鼓盪者流行於萬物之內氣由聚而散而育者以化氣由
散而聚而化者以育亦誠為之也惟誠一無僞之人實有見於所
以育而化所以化而育而無疑似之意故一氣之運於天地者動
靜互根循環而不息一氣之通於至誠者太和保合貫徹而無遺

則至誠之心亦若天地之一而神也是以化育之可見者飛潛動植莫非抉五殊二寔之理以自生自息於天地之間此散殊之可象也至誠固有以知於其顯化育之無可見者天高地下要自有坱然太虛之體以為伸為屈夫物類之繁此清通之不可象也至誠更有以知於其微化育之機通晝夜而不舍至誠則知其暫而亦無間於其久故隨時體驗常自具照然不昧之良化育之用歷萬古而常新至誠則知其遠而即無異於其近故坐照如神總不留惝怳游移之迹一真與經綸立本何一非至誠之能事哉

不見不聞無物不遺化育之孔不外微之顯也二比說得周而中庸一書亦融會貫通矣

囊括萬有才思無際

熟於周易宋儒諸書綱緒紛披無非理與周筆繼橫排盪則韓

乎所云醉而後肆者也

如天地

知天地之化　二句　　一百五名　黃蘭谷

至誠心通乎化育，皆誠之自然而無倚也。蓋化育者天經之
原也。至誠知之，非皆本于誠而無所倚者乎。詩謂維天之命於穆
不已。其消息盈虛，總一誠之與為通，復而非有所依違于其間也。
乃至誠者有默契焉，故窮理盡性之功要于至命，而一無所強，則
推大德之敦化，固不僅經綸大經與立大本已也。今夫人倫之事
勑敘自天，而性量之全降衷惟帝，是大經大本未有不原于天地
者也。故神而兩，故化不容參以偏倚之私，乃精故明而應故
自有得于見聞之表。蓋天地有化育，至誠即以其誠知之矣。元

鄉墨資粮集

利正之遁為出入者依形氣以求之而或蔽于欲也若誠至則無欲無欲則中虛中虛則自靈雖洗心藏密而化育之原已徹直[illegible]越乎日用飲食之常（知字適）專直翕闢之互為動靜者挾術數以測之而（影為倚不着迹）或入于妄也若誠至則無妄無妄則內靜內靜則常覺雖齋戒神明而化育之變已通豈徒從于禍福災祥之故哉是以知之陰隲下民彜倫攸敘則大經之經綸即化育之所由顯也（補胸隱成）總之者善成之者性則大本之立即化育之所由寓也至誠洵可謂參贊天地而造化從心者乎（纂押出）而猶疑其有所倚而致然哉誠之未至而以身（倚明人）確之功行勉強之事學者固不能無所倚也無論敦倫盡性得所

擬而可以盡其微即天地之知始作成者亦不至無凭而漫用其探索也持循而必向其方詎敢妄希夫中立若誠之既至而以德粹之體爲從容之中聖人則何從而有所倚也無論倫以性定實（手法）（正俱側畧）所依而有以逢其極即化育之顯仁藏用者亦未嘗借資焉而始觀其會通也渾全而自致其本何妨一意以孤行夫焉有所倚則（一串總結）甚矣至誠之極誠無妄而其出經綸立本以達于知化育者固無一非自然而致之者也不然太極之理未融也陰陽變合之機與五行衰旺之故猶有待于擬議而求合則雖經綸立本亦祇循其流而未會其原是即與于倚之甚者又烏足令人推其大德而形

容贊嘆之莫窮哉。

此講明知化育方補上文好在無化育套語力透知字有倚焉

借以開合行之三句之理仍歸一串用法以容與添補複叠者

自有高下之別岱雲

知天地　　黄蘭谷

知天地之至達天德者

江南俞學院科試 馮貞吉
入無錫六名

知化之至誠有全能達天之至聖不易得也夫知化則其識貫乎天德而無倚之心體可歷想矣要豈所謂于未達天德者哉當肯入德敦化天道之所由盡者其本歸于一誠已矣故其在至誠也惟誠則明乎已非乎敦化之體而其在至聖也惟睿作聖亦已統乎大德之全蓋至誠與至聖異名而同原則何不因至誠之心而更重念夫至聖之德也經綸立本是其天倫克盡德已積諸當躬而不溧明才秩敘之原則無上達之哲何以体陰陽之撰而析其微抑其天性更全德已藏諸宥密而不深究乎降衷之故則無達化之奇何以會太極

（先德批次適承）（精練）（帶中閑）（卯二伏下）（智慎經綸立）（本帶原天地理法照對）（借抉）

之真而窮其蘊乃天地之化育至誠又有以知之不且與經綸立本
手法、捷、
同一無倚之能事也耶識超儀象之表其爲厥而爲伸着自覺其四
達而不悖矣然謬非遥豈徒恃乎推測之末智周無極之先其爲通
而爲優着自覺其通達而無礙矣機緘在宥何所窺其運量之神夫
提、挈、
至于知化而無倚有全能則至誠之心殆自有其天矣豈徒其仁其
緊落成一片狀後打轉卜心
仁其淵　從、知、化、并入其仁其淵旋即併入其
淵之心猷有可想見而已哉盖知化則物必有則而恩明誼美即其
天內
仁以想其天之浩大何難贊化育而與參知化則性涵于命而資深
達原即其淵以想其天之浩蕩夫且與天地合其德吾乃因至誠之
直接題尾
合天而轉念至聖之達天德者蓋其心思耳目既非什佰儔衆所能

問則彰往察來本其天亶之資有能貫徹乎所德抑其各正保合更
非尋常意計所能識則性焉安焉全其賦畀之德可以不負乎生知
然則固聰明聖知以達天德誠何異知天者之自有其天也哉夫化
說合發處
育即天德之發皇而資始資生之理至誠既默契乎心矣德實化育
之主宰而無聲無臭之微至聖亦渾全于內苟不然者非至聖也即
首二節
非至誠也非至誠不能知天地非至聖即不能知至誠矣
繫知化育於其天將其仁其淵都納入其天何與下天德關節
然從理生作家老境　原評
天是個大界頭故無命可包修道盡性其天可該其仁其淵從知

達科考卷凌雲

知天

達齋考卷凌雲

天地側注歸併。所謂法從理生也。苟綱在網。如髮在櫛。落到中肯。

守：待先輩金針。

知天地之化育

庚午利四川　一名　黎　靖

化育亦誠也惟至誠始足言知矣夫天地之化育不外於誠然豈
人所易知哉中庸故又舉以明至誠之能事也曰吾前言至誠之
盡性而曰贊天地殆言至誠有以輔相天地之功用矣夫能輔相（接知字）
其功用者必能洞悉其本體者也神明有默運斯宇宙於以有化
裁知第曰至誠可以贊天地也猶是後起之能事耳試於大經大（筆勢夭矯）（軒豁）
本而外進觀至誠焉經常為率性之道而未有經常先有天地是
經常者罔化育所分呈也然而其旨殊難測矣性命有各正之理
而未有命先有天地是性命者亦化育所孕涵也然而其原殊

贊襄奚若矣則天地之化育豈易知哉吾用是以觀至誠以形已
色已之蹤著於兩間也化育雖紛莫非一誠為之運尚誠有未至
縱以格推測之勞而其知終不能無滯也至誠本不貳之理以周
之知闔闢之蘊本无妄之精也知易簡之藏本於穆之体也凡所
為屈伸往來盈虛消長者莫不默會焉以與天地準所謂神而明
之者此也以為蕃為變之各呈於宇宙也化育雖多莫非一誠為
之宰萬未能至縱日竭擬議之神而其知終不無蔽也至誠本
無息之理以應之具誠之通即知天地之所以通裕誠之復即知
天地之所以復凡所為吉凶禍福存亡悔吝者莫不潛通焉以與

天地合所謂誠精故明者此也此以知執見聞以求解者不足言知
也夫耳目所及不能不拘於一偏何若清明合撰者之適於自然
乎雖為陰為陽化工之常変莫定而惟定於至誠之一心則以已
之誠參天地之誠而已矣抑執術數以求明者亦不足言知也夫
術數之學不能不囿於一隅何若上下同流者之契其微無閒乎雖
太素太始帝載之機緘難窺而惟窺以至誠之一理則以天地之
誠合在已之誠而已矣以云倚也夫焉有之哉

處處扣定知字筆致軒豁　李蘊山

知天地之化育 其二

劉巖

至誠通極于命誠之源也夫化育所存吾心也至誠盡性以達命無非一誠相契而已矣今夫誠也者其命之德全則性與天道合德存乎誠而誠發越明于是乎天地生物之心廓然洞達于吾之心也此誠之至則知之至矣夫致化者天地之命無聲無臭而不可以測焉冲漠無朕而不可以窺焉然天地之大德曰生則化育是也化育者氣機之動也惟動而後見天地之心亦惟動而後見天地之性是故化者自有而之無誠之復也育者自無而之有誠之通也夫至誠之誠即於穆不已之誠也蓋天地以誠為命而陰

劉本業新稿　盧

陰陽錯綜循環不息者天地之化育也惟誠以誠爲心而動靜兩端

循環不息者吾心之化育也天地屈而不能不伸也陽之動也至

明〇覺〇之妙〇緣

誠以吾心具仁之性而知化育之始以吾心具禮之性而知化

育之長焉夫其伸而不能不屈也陰之靜也至誠以吾心具義之

性而知化育之遂以吾心具智之性而知化育之成焉且以仁

要〇〇痕

智也並交以相成終而無間則化育之在吾心者互藏其宅

也則知其天人不隔而翕聚發散而不窮其以化育之在天地皆

互爲其根也然則人本與化育爲一而常不能知化育者心大而

妙於知〇〇根〇原

無外者也而人常以私意之小蔽其不能體之心所以不能默契

乎天地之心也性神而英爍者也而常人以僞測之此但拘于氣質之性所以不能潛通乎天地之性也惟至誠無膚發之姿以窒其心而心無不盡焉無纖介之雜以汨其性而性無不盡焉矣盡其心者知其性者也知其性所以知天也蓋化育者氣也而所以化育者有造化之樞紐品彙之根柢存焉在天地則萬物于此資始而資始在至誠則易簡而天下之理得矣此所以為大德敦化也歟

較清作尤細緻　徐泰翹

以至誠之心之仁義禮智配合天地之化育之始長遂成方是

劉本寔評

熙朝真蹟勤知學極精選細就梓造

知天地之化育

天地不外一誠、故至誠者知之也、夫天地之所以化育者誠也、至誠之所以知化育者亦誠也、誠與誠相契、而有不能知者、且人之所以小吾身而大天地者。以爲杳冥而不可知。莫若造物者之無盡藏也。夫亦思人心原與天地有相爲流通者乎。天地非大而吾身非小。則亦誠之所貫通而已矣。今夫大經大本之所自來者天地也。天地之爲天地者誠也。其變通鼓舞之妙。而故者使之新。是所爲化也而化豈可以僞爲。其知始作成之功。而無者使之有。是所爲育也。而育豈出于假設。故夫天地之化也育也。莫非誠之至

先發明化育一字

焦劉知字

也自人心之蔽于私而吾之氣與天地之氣往來不相應夫人之相與苟非其志之迂則乖離扞格而不入而況乎天地之邃淵乎惟天理之不間于欲而吾之心與天地之心出入而相協夫人之相親必其情之契乃渾融膠合而無間而況乎天地之幽遠乎至

提承究呈一二字講

誠者天地在心而化育在手故能育以繼天地之志其感而遂通者誠之通也其寂然不動者誠之德也在天地為顯仁而藏用在聖心為彰徵而察來以至誠知至誠而塞于兩間者無非教也即無非其所默而契之者蓋至誠者裁成天地而贊助化育故能有以述天地之事吾心之陽舒而陰慘即一誠之屈伸也吾心之靜

虛而動直即一誠之翕闢也乾坤吾父母而豈不能體其心民物吾胞與而豈不能悉其意以至誠知至誠而察于上下者各有命也即無非其所不思而得者矣體天地之撰通神明之德而廣生大生一一如其所自有而鑒觀無毫髮之差通幽明之故識性命之源而資生資始一一如經其耳目而昭融立萬物之命若是者窮神知化德之盛也惟至誠為能之而已矣

多引經傳以詁題皆若自己出　左未生

知天地

第二十册　卷六十

知者樂水　一節　　　儲在文

以動靜言知仁而情與效並見焉夫樂水樂山唯其動靜相似以樂壽之效又兆非知仁所自得哉且天地有動靜之道會人得之為知仁而成性於其身者遂各有以肖能於天地物感於外則緣境而生情養定於中則無心而程效而要其立體之不易者弗可誣也夫人生平之嗜好可以得性情之真而一日之性情可以定終身之槩所（筆力起健）請知者仁者豈漠然而無情哉彼曠觀於天地之間水流而山峙撓然得知仁之象焉而樂之終身不厭非我必於山水而自得其所以為知仁也其所為知仁者何動與靜也一人世溷滯之患多由於析理

之不明一事來而是非不能别數事集而紛、比不能通而知者乃獨
千言萬語不離此一言
操之萬物之原以貫其本末終始之故也成務錯釐然有條風旨來
經如其素習浩浩乎與造物者游而莫之能禦也人心震撼之端無
原於、執德之不固一念起而出入危其幾數念淆而天人爭其勝而
仁者乃獨操夫萬化之本以全其淡泊寧一之神攻取無端神明常
定情偽相感深固不揺安安乎與造化者居而莫之能撼也惟其
神來　米飛青鎖烟
故體立而效從效從而類應凡天下憂虞悔吝之變皆不能伺動者
霄金玉盂集毫端
之間而投而陰陽人事之偏亦無能乘靜者之虛而入覺先而少為
所役理定而數不能違至樂生心壽過其曆真各有以自得而與天

地闊參可不謂至德者與天天地之道或寓於山水或屬於知仁而
知者仁者乃以盡發其藏而見之於日用行習之地故其德與天壤
並而莫知其所以然之則言知仁者無他曰動靜而已矣
醇淳理腴備極研練全神健脫獨往獨來山水樂壽註中皆
動靜貫顯註立格直起直結不用旁綴鉤聯蔚勁渾成牢推名構
脚踏實地不沾塵土或遂以為御風而行也　汪棣園
除脆滌浮沉偉篤實墨氣所到超然有凌雲之思一徑獨行四照
無佀戕天摧

竟體淳古

知者樂

知柳下惠之賢　反東

之賢者不顧為窮位者所知也、夫惠之賢豈不欲有知之者乎、而

無知為窮位者所知、則雖知之豈有幸耶、且古來之以賢顯于世者

以為生平得一知己、即可以不恨、夫知己則誠不可無矣、然亦思世

〇〇〇〇制題下〇六字〇虛〇于上題〇而〇

之知我者、果具休休之量、而出之以鑑別之明乎、遂有異于文仲之

與柳下惠也、以仲身秉國鈞、負神明之眷久、藉藉乎宗祊、仲而思當

〇〇〇〇〇〇〇〇〇〇〇〇〇〇〇〇跳起賢字〇〇

時有一人愈已、將位應非已有也、而不意惠之遠過乎仲也、以惠身

處下僚、歷闒頓之遺、甘寂寂以處世、惠而思當時果無一知己、即士

〇〇〇〇〇〇〇〇〇〇〇出知字〇〇〇

而亦置諸度外耳、而不意仲之心識夫惠也、想仲之俯視一切也、以

為甚也才足以供奔走甚也能足以任使令獨念及于惠輙駭其才知若知除斯下惡意非采是能出衆宜不終在奔走使令之間其惓然于心者不謂庶尹中乃有斯人也抑仲之周旋同列也以為彼雖才亦無甚異于我之才彼雖能亦無大遠于我之能獨訏及于惠每訏其才能過人殆不止倍蓰步上動時任什伯府藏其獻然于中者不謂閒散中乃有是人也在人之知惠者何嘗字妙謂彼既窮不惘或未嘗見知于仲耳而仲何嘗不知也察諸百職之而上公所并中籌諸一心之內以為既生我何復生惠耶在世之情惠者謂彼惠非不宇妙佚不怨或不為仲所知耳乃仲非不知之矣按謝與論之衆撰諸一已之獨以為知有惠誰復知有我耶雖曾進之上有稱其砥介者有

詳矣不臣者猶仲尼嘗稱之焉知其藏于心者固已久乎柳惠固之

中有譽其寬大者有譽其廉平者獨仲未嘗譽之亦知其蘊于中者

非一日乎故謂仲樂于知惠夫仲嘗樂于知惠者無知惠之所長有（即此見不與立）

以形仲之所短其相形而見知者仲固雖殷乎惠之賢也且謂惠樂

為仲知夫惠豈樂為仲知者無知惠之所優自以彰仲之所絀其相（所以任知字）

較而見知者惠何不幸而為仲所知也知其賢而不與立非竊位而

何、

知字句、說入深際不與立意不擊自動先輩所謂高處立

知柳下惠之賢　方桒如

大夫之於賢，未可謝以不知也。蓋就惠而觀，似未之知也；就仲而論，詎未之知也，其又奚謝焉。且天下士往往謂得一知己，可以不恨，乃吾謂士之所恨，又不盡在於無知己。蓋天下希榮固寵之人，亦諱然有知人之明者也。如竊位之文仲者，彼惟恐吾位一失，將至阨窮遺佚而與三黜之柳下惠等也。嗚呼，亦知柳下惠固賢者

原批：知柳下惠三字提下不與立，妙在恰與臧文仲言字對簿。

耶？惠為無駭之後，固望族也。夫先王之世，賢則世官，不賢則世祿，惠而賢也，展氏之族宜與臧氏共藉甚當時矣，而何至以柳下見稱也？惠而槩以柳下也，固疑其無知之者。上惠在謚法之科，柳已

未矣夫先王之典細行受細名大行受大名惠而賢也身後之名宜與文仲共藏在太史矣而何僅以惠私諡也柳下而繫以惠也（據正義中引列女傳）固疑其知之者非文仲也雖然莫謂無知之者即莫謂文仲非知之者其惑惟恐人聞而滅跡銷聲以自同枯槁之士則猶得以不（四而疏○米使捕孫吏無可收門）知為仲辭而惠和者也夫一言辟竟仲以此知館人恤民為君仲以此知御說惠之賢豈直如館人御說輩也者而乃見之而不聞聞也故其知也吾即以惠卜之其或名為相士而望影藉響不能馳域外之觀則猶得以不知為惠謝而仲知者也夫欲言求鼎惠已見知於齊人受命犒師惠又見知於魯主仲之知豈直與齊人

魯主等也者而乃昭昭而忽昏昏也故其知也吾還以仲決之一今

原批處處從下句倒而樹以

日久而論定之餘為仲者則顛然爾聽明自處於不知以巧為藏

與中二股

身之固鄉使方仲之時慷慨而規切之曰子為正卿獨柰何以孝

一綫

與同疑句并石

恭慈仁其人而竟同聞知乎則必有堅其笑者夫笑之則明以為

呼應

知之也一今日萬無可解之後愛仲者亦須權夫輕重寧被之不知

語語精火氣然辣尖警

以成其不向之寬鄉使當仲之世羣聚而誹議之曰魯有君子獨

柰何以識微見遠之子而茫未有知乎則必有色然駭者夫駭之

則明以為知之也一而不與立也非竊位而何

文章忌參差句獨此知字必作廿歲死句方得蔽賢罪大意然

拈着遂直寫三筴。書過事則海鼇膝槃矣。以議論疏通證明之。又一死邊得活法。任局遠

擺撥人所應有。別從空際結撰。柳下惠三字都只囫圇吞棗讀過。前半一經洗剔便已現出不與立來。似此巧心顧瑞屏宗伯以後罕覯。

知柳下　方

知柳下惠　一句　邵捷春

賢有為之人之知者可刺大夫之隱矣夫惠不為仲知何以〻〻仲〻而業已知之吾之罪仲正以此且人臣公忠為國不必賢無〻知顧賢路有以不知而闕者忌刺營私不必賢無所知顧賢路反以知而壅耆嘗即是得文仲之竊位矣當仲之柄魯也使環魯國中而皆鄙夫乎薄夫乎鄉人乎猶可諉者曰國無賢也設有賢矣又皆小官辭乎污君惡乎父母之邦去乎仍可諉者曰賢不受知也乃維時有柳下惠矣仲知其賢矣惠非有市知之心而賢司可知之契惠非獨為仲之知而仲為見知之素計柳下之在魯也甘皋陶之在虞乎直〻不

孟子

枉一也仲誠具秉彝之好何至以直為枉則方正之聲播揚魯國哉
不獨惠自愛其愚即仲亦知其愚之果可愛也廢同皋陶之舉者此
時計魯之有柳下也其商之有伯夷乎高風百世一也仲誠負知人
之明何至以直為奸矧如石之介顯名章徹斯不獨惠必以其進以
仲亦知其道之果不隱也廢不同伯夷之逸者此時蓋以賢偶不賢
則不賢顯惠也孟叔孫之僭方之異轍矣東門氏之像對之削色矣
中不知之不賢人中乎夫不當厚權此𢠽師者以大祚魯一以賢偶
賢則賢也貞惠也忠如孫父望其後塵矣廉如公綽猶其風矣仲
不知之無賢人中乎夫不當移其居蔡者以重寶善乎吾初為東之

孟子

乎何也他人能知柔能用仲可知即可用也吾見為惠之知乞何
他人[illegible]削好心驚神知則懸心滋也卒也惠以遺佚世仲何願柔
鈞乎噫乎于是益高同升之文子也
虛籠題順說易溢此文意皆側入自成議論不為題轉而能轉題
絕妙法門不局于題中故能不溢于題外妙意都在目前却無
他人能道顧有典
發論處皆是無中生有無實處皆能翻舊為新真神化之作

知柳下惠之賢
林豸冠
賢有為魯大夫所知者當不虛所知矣蓋惠之賢誰不知之而尤望
文仲知之也文仲處此果能無私其位焉否且當代不乏偉人特以
行誼既積於生平而聲施未洽於朝宁此懷才抱德之士往往相須
殷而相遇疎也乃若聲名素著天下望手采而棄為不可及者竟克
達於執政之鄉而有位者豈徒欽彼嘉名景厥風徽已耶吾何以觀
（述他處步妙）
文仲之竊位哉夫延攬者執政之雅而推賢者宰相之能則往原以
（逞出）
（矣宗吾未嘗）
待天下之賢者也況吾魯今日者龜蒙鳧繹之間忠厚之遺風未遠
也周道觀賢之意尚未泯於人心也間嘗曠覽東山泗水間賢豪數
出固不乏人求其躬居草野心在朝廷風烈卓然賢聲籍甚厥惟柳

房行小題新編　下論　　　　　　　　　　　　蘭堂選本

出柳下惠魯　次井無

下惠爲最著夫士生斯世厄於不知己而伸於知己人固有抱命世之才足以經理國家大事往往以不獲知於當時以致沉淪儕俗終老林泉何可勝道惠也雍容以處守道自存王公大人未嘗過而問焉亦寧甘心恬退而不悔而要其心豈不欲見知於當世哉雖然惠之見知於人者亦不一矣不伐不矜謙和足以風末俗丘固知其賢也而不足爲惠異也犒師受命正言足以屈鄰封齊人亦知其賢也而不足爲惠幸也刑官屢黜猶將依依於宗國即魯之國人更無不

及逞知字知各

疊二疊出折爭奇

知其賢也而尤不足爲惠慶也何也誠以明知非有位者也夫柳下

槐到文仲有往上念駁念

醒

惠之賢也而何幸得見知於文仲哉彼其賢足以定宗社乎文仲

之其賢足以撫民生乎文仲知之柳其賢足以爲光邦國乎文仲知

之使秉鈞而寡察識則不知固是為仲盡黜陟受其權衡則知之尤

足為神慮風塵而鮮物色則未知之始固有漠不相知之素雅誠悉

（漸追出下去）

任國政則既知之際不得徒矜藻鑑之名夫士君子抱道在躬不患

不見知於恒流惟患不見知於君相仲也操得為之权挾有為之柄

（筆致雋落大有古文章試結束發出大着[?]徐皆是）

即使寡見渺聞猶必雅志旁求以闢功名之路況以賢若彼以知若

此其可以君國情埶功名念重而竟忘推誠薦賢之舉耶乃文仲竟

何如者

題不重惠之賢重文仲之不上手寫本題眼注下〻前用逆擊后

用展拓總使題意無不騰躍而出先輩論作文先識步驟則縱橫

變化可以惟我所為此文格律精嚴步步敲緊曲曲爭奇乃熟極

知柳下惠之賢

宮懋賢

大夫之於賢，未可謝以不知也。盡就惠而觀，似未之知也。就仲而論，臧未知之也。其又奚謝焉？且天下往往有感恩而未為知己者，是故士嘗謂得一知己可以不恨也。乃吾謂士之所恨又不盡在

善於立筆

於無知己，蓋天下希榮固寵者流，其人類皆有知人之明者也。如竊位之文仲者，彼惟恐吾位一失，將至阨窮，遺逸而憫三黜之柳下惠等也。嗚呼！亦知柳下惠固賢者耶？惠為無駭之後，固望族也。

入經引

從柳下惠三字拆下

夫先王之世，賢則世官，不賢則世祿。惠而賢也，展氏之族宜與臧氏共藉甚當時矣，而何至以柳下見稱也？惠而繫以柳下也，固疑

不類泣手段殺人

其無知之者也意在諡法之科屬美稱矣夫先王之典細行受細名大行受大名惠而賢也身後之名宜與文仲共載在太史矣而何僅以惠私諡也柳下而繫以惠也固知其知之者非文仲也雖然莫謂無知之者即莫謂文仲非知之者其或惟恐人聞而滅跡銷聲以自同枯槁之士則猶得以不知為仲辭而惠和者也夫一言辟竟仲以此知館人恤民為君仲以此知御說惠之賢豈直如館人御說輩也者而乃見之而不聞之也故其知也吾即以惠卜之其或爲爲相士而望影藉響不能馳域外之觀則猶得以不知為惠諱而仲智者也夫徵言求咢惠已見知於齊人受命犒師惠

又見知於魯主仲知之豈直與齊人魯主等也哉而乃昭昭爾然
爵爵也故其知也吾還以仲決之今日从而論定之餘為仲者則
顯默爾聽明自處於不知以巧為藏身之固鄉使方仲之時而執
仲而語之曰子為正卿獨奈何以孝恭慈仁其人而竟罔聞知乎
則必有拂然怒者矣怒之則明以為知之也今日萬無可解之後
愛仲者亦願權夫輕重審被之不知以成其不白之冤鄉使當仲
之世而執人而語之曰魯有君子獨奈何以識微見遠之子而莅
未可知乎則必有色然駭者矣駭之則明以為知之也而不與立
也非窃位而何

提唱知字。一操一縱。直使文仲轉身不得。筆尖舌利。文人嘻笑。
甚於怒罵。郭聽昇
衡蔽賢之獄。一知字定之。實研本題。即虛攝下句。運脫乃如秋
隼之摩空。兵在揚

寺靜

知柳下惠之賢　許虬

以賢見知幾為知者幸矣夫惠雖賢非知曷顯自兹以私庶其伸於知己哉今夫席勢而號公卿得時而致上相苟膺鑒鼎彰藥衡寄旅豈不重可歎耶亦既志人倫株物望矣豈曰識彼嘉名徒深欽挹已也吾何以識文仲之竊位耶當日之賢蓋莫如柳下惠矣惠之無人（以上提此句有力）豈慕富貴而希世資者則意孝恭慈仁允德圖義惟余知之不依不（乎）（若弄知字如九在）務信大無害惟二三子知之居柔從俗忍恥救民惟室人知之乃一（語意悲涼大勢壯激）（直刺）則貧賤相感同悲採落一則死生契闊憶簡風流意何藉乎知之亦（下句）何益于惠哉而不謂秉國均載高位進退隨其傾形榮辱定于一言

下論　戊戌　小題觀略

如文仲者而亦知之也蓋士之不過者何限匪才被放亦其宜爾惠則賢聲藉甚者也使文仲病其無用之姿而置之吾猶得辭之曰無知人之哲故至此今也委蛇進退之暇已悉芳徽而欽茂烈矣即士之賢而不過者亦何限永天弗吝以是終耳惠則有志當塗者也使文仲焉其不仕之節而聽之吾猶得備之曰無相知之雅故及此今也策名委質之年已備庶僚而通一命矣昔者齊師之從展喜犒之而必受命於禽則是惠之賢僖公亦知之矣然祿去公室久矣能登之左右而并之帷幄乎不能也是僖公知之不告文仲知之岑鼎之數不信而反而必得惠一言以為據則是惠之賢齊人亦知之矣然

（一反跌起從下文倒轉）

（六分輕收任）

（此二句是文仲纔身又進一步）

越椒之英難矣將盧牟迎之而豢圈樊之乎不能也是齊人之知更不若文仲之知與哉惠也不求當而名隨之吾不知仲何以獨明于惠也與矣幸哉惠也詘于不知己而伸于知己吾不知惠何以得此於仲也幸矣而文仲竟何知者

惠之賢眾人未易知也惟仲知惠亦惟夫子知仲之知惠知宇僉駁得刻深則竊位之罪愈斷得明確彼為仲者正要以不知自諉

爾不知被他瞞過多少人到此段處躲閃此亦是老吏大法

知柳下惠之賢

安徽劉宗師歲試　合肥縣學一名　龔朝聘

苐以知賢為稱位魯大夫固嘗知之矣夫知賢亦居位者之責正非徒知之已也不然文仲豈不知惠賢者而遽以為竊位哉且以知人之明之難也有人焉克知灼見以居知人之位豈不足解曠職之譏哉而譏且自是不可解矣當夫木情暴露公論昭然雖欲求曠職之譏而且有所不可得則轉欲以克知灼見為大諱焉而無如其必不能也今以文仲為竊位而疑焉者多矣以文仲賢者也噫亦嘗憶與仲並世而生者有柳下惠之賢耶山林清潔之士得脩每無自而彰惠則非其類也行無駁之譜系姓字久著於公

從來旅折入見得

不但明益見竊用意深而辣

點落下五字

妻以下五字題前深逼知字

從對面用意、經□攝神貌之上下搭似本位的出

朝此即一藝可名已不難悉公族而達鈞衡之耳偃蹇戾俗之夫
聲聞或掩於多忌惠又非其類也隱介節於寬和鄙薄亦歸其陶
鑄自非片長無述又何難以公是而成執政之明審是惠之賢且
分內一層淺深總知字
易於見知可知也而文仲於惠之賢不得藉口於不知又可知也
吾於是竊有思焉古大臣留心俊彥雖薦得之而初不敢遽謂知
之也積之日月歷之歲時使天下共曉然於吾之既知斯以為其
歲月与之
知無負耳如惠之賢仲固明明知之矣吾烏知天下短仲之知者
易未嘗与立故
不刻以相繩謂一如不知耶彼固謂從琛即聾仲應难於任受不
尚不足窺
知仲固任受不辭也蓋使仲誠不知而所以居此位者猶有餘地

二比不是凌空剔景只是言一知便好與立耳知字推擴而還亦句自對得愈緊

耳。古賢人孰察當途。雖為彼得之究不遠。許彼知之也。始觀其識焉。繼試其誠焉。使一時共快然於吾之見知。斯以為絕遠不知耳（亦是与立）知仲之知惠固夷然听之矣。（揺是不與立故）吾又安知一時之代惠不平者不深以相核而斥為不知耶。彼固謂懵然罔覺應非仲所樂居不知仲正樂得居之也。盖使仲誠不知而所以居此位者仍足藏身耳。天地生賢人而不生一知賢人之人。即造物亦留其有憾以惠之賢有仲之知更何憾也。其生同時非有千遠之慨。其居同國更無越境之求。原而美之並生造物寧無意乎。則以惠之賢為仲慶者。即可以仲之知為惠慶也。已國家得賢人而不得一知賢之人。即社

稷亦何從受福以仲之知及惠之賢福可俟矣不乞靈於異代蒼
茫之合則投契自真非邂逅於他郛縞紵之投則見聞殊習僉特
達之無纏宗國其有瘳乎則以惠之賢爲不負仲之知者亦將以
仲之知爲不負惠之賢也已而乃不與立也謂之竊位誰曰不然

竊位業已喝破則不與立不得劃在題外而探於筆先與拖引
題後皆非也寫半得全一縷清思一枝健管如連嶺出雲如高
崖勒馬從前名作此當寥過劉金圖先生

知字爲竊位摟根亦爲與立襯底前半跟上北其知有難瞞後
半对下見其知有可慶文脉清融華情夭矯

知虞公之　一節

吳甫生戴田有

大賢反覆以明古人之誣，亦據其事而斷之也。夫奚而自污，孟子知其誣也。其知之奈何？曰於其智知之，于其賢知之。孟子以為信知人言，則百里奚僅一碩鈍無恥之徒，人亦不當以此藉口。（先塞他去路）然其說有無不可知，而據以彼之跡，參以吾之意，即夫人之情，酌夫理之宜，固已萬萬無此，而不幸而蒙此譏也，則余不得不為之辨。（兩行之內寫龍全旨）蓋自好事者流，（一衮發逆提風發泉湧）不難降志辱行，謂可以攫榮利而取世資，然而治與亂不能擇，語與默不能宜，廢與興不能識，事機至不能決，賢主與不能輔，而徒揣摹人主之意旨，貶損平生之氣節，嗚呼，今之人或亦不恥其所為也，而以余所聞百里奚則斷斷不出此方晉之亡虞也行道皆知之而奚獨不諫嗟乎亡國之君貪於財而驕主必不好訐虞公之不可諫也奚知之矣知而去之秦當是時年已七十則奚亦且老矣日暮而客（頓挫絕有風神）他鄉撫心而悲故國乃以流離播遷之餘希冀恩寵是身蹈其污而（首段單作一頓）（以智字為線索）曾否之知也可謂智乎奚而智也則斷斷不出此且夫智者一舉事而不為無益以費其辭不可諫而不諫謂為不智其可乎智者一審幾而不為濡遲以懼其禍知虞公之將亡而先去之謂為不智不可也（還他三段）智者一遇時而不為退却以失其機時舉于秦知穆公之可與有行也而相之謂為不智其可乎以彼其知若此而猶疑其有污也必

上半○截作一束○下面又提筆起

不然矣○必不然矣○且吾嘗按百里大夫遺跡○當是時○度無奚○則穆公僅一中主○山東之國○未可得而服也○而其流風餘思○至于今無不嘆息稱賢○嗟乎○奚○而賢也○不賢而何以能顯其君于天下○可傳于後世○而世傾竊ゝ然疑之○同是嘗自鬻以成其君○夫奚而誠賢也○不忍為此態也○夫里巷之間○鄉曲之士○砥名立行○猶知矯ゝ自好○而謂賢者為之乎○嗚呼○其賢若此○而猶疑之也○人之不樂成人之善○如奚之所為卓ゝ如此○猶不得免○其他則又何說章也○掇拾無稽之語○汚衊長者之行○此姦人惑世以自飾其慾○而予述之○何數ゝ云○

○閒○情○古○筆○

○并○結○完○数○章○

以題之波瀾為文之波瀾○第以一二閒語點掇○節ゝ聯絡○段ゝ變化○

物交物則引之而已矣　王　澍

有交而即引亦耳目所無如何也夫耳目既與物有相物之勢則交而引之固與物以端矣惡能自固哉且今之人尤尚耳目矣一有感來于前惟恐見聞有所不至取之或有不克盡蓋耳目之用綦備哉

○[illegible]○本○敢○否○辭

惟如是故吾謂天下幾無耳目人也何也以其為物所引也其為物所引以其交于物也夫耳目在我者也物在外者也以我為主則耳

中藏○字

目之用出乎物而不與為並由是物為我役而紛綸之故效乎我而

○坐○幾○下○一○物○字○便○有○引○意

無所于牽是真能不物于物也不然是亦物而已矣既奪而下之有

○特○出○上○一○物○字○便○有○紛○然○並○交○意○思

與物為緣之勢則亦何莫非物哉必將順而隨之有與物相逐之机

且夫人有耳目亦誰樂狥于物者遇淫聲而掩耳見邪色而閉目亦似不援物以撓我之权然欲擇一途焉以自全非其不引特其不交○所○謂○畏○辭○故○不○也○且即其不敢與物交者其果引耶非引耶即反其道入耳而無所不听寓目而無所不視謂吾自有不逐物而馳之處然欲歷衆変焉以自試正欲驗引非真絶引也且即其必欲與物交者其為引物耶為物引耶是故極交之之熟則耳目且有留物之未往之境已過而纚綿不巳盡引之之变則耳目更有造物之指徙之得一境而根觸生情一試從巳交之後還而接之覺從前之耳目竟不知其安徙也已有耳目膊而亡焉我欲尋之而已邈然不可追矣但就前交之始蹇

○前○第○言○目○静○老○子○不○見○可○欲○正○告○後○其○心○易○亂

○試○觀○能○誠○之○生○何○自○而○來○

○目○中○已○無○物○中○却○有○

○此○番○筆○已○矣○老○杜○所○謂○面○頭○錯○了○

○人○也

而入賴覺此時之耳目不知知如何忽變也物無耳目我則擬為之
欲收之而已尚然而自喪吾是則所謂蔽于物已矣則惟不思之
極搜羅剔抉之能不露一毫刻苦所謂皆人意中所有皆人腕下
所無于友稔
文止之幽微大力之刻峭維節之情清合為一手可以傳之其人
藏之名山青聲背
接物既不易絕物又不可牽物者失則本無一物者未嘗不逐物
而動此段精詣足令瞿曇斂衽要不關頭陀雲月　師洛

物交物則引之而已矣

王澍

有交、而即引亦耳目所無如何也、夫耳目既與物有相交之勢則交而引之固與物以端矣惡能自固哉且含之人尤尚下目矣一有物來于前惟恐見聞有所不至取之或有不克盡盖耳目之用綦侈哉惟如是故吾謂天下幾無耳目人也何也以其為物所引也其為物所引以其交于物也夫耳目在我者也物在外者也以我為主則耳目之用出乎物而不與為並由是物為我役而紛綸之故效乎我而無所于窒是真能不物于物也不然是亦物而已矣既奪而下之有與物為緣之釁則亦何莫非物哉必將順而隨之有與物相遂之機

水○敢○石○對

中藏○心○字

手○意○斂○妙○弘○正○風○格

有時遇淫聲而掩耳見邪色而閉目亦似不授物以構我之權然欲
擇一途焉以自全非其不引特其不交也且即其不敢與物交者其
所謂畏辭故不為第為自解故知不可欲正
果引耶非引耶或且入耳而無所不聽寓目而無所不視謂吾自有
後其心易亂
戕賴能戕以性何自而
不逐物而馳之處然欲歷衆變焉以自試正欲驗引非真能引也且
乘
即其必欲與物交者其為引物耶為物引耶是故極交之之熟則耳
目且有留物之才往往境已過而纏綿不已盡引之之變則耳目更
目中已無物中却有
有遺物之哲往往得一境而展轉生情試從已交之後還而按之覺
與前半已大老杜所謂同頭錯愁人也
從前之耳目竟不知其安往也已有耳目轉而亡焉我欲尋之而已
邈然不可追矣但就甫交之始寔而驗之頓覺此時之耳目不知如

何忽变也物無耳目我則授焉追欲收之而已惝然而自喪矣是則所謂蔽于物已矣則惟不思之故極揆羅剔抉之能不露一毫刻普所謂皆人意中所有皆人腕下所無。于友称

接物既不易絶物又不可宰物者夫則本無一物者未嘗不逐物而動此段精詣足令瞿曇歛衽

物交物　王

物交物則引之而已矣　王步青

耳目為物所引惟其既物于物也夫耳目也而下同于物則惡得（從對高）不與物交即惡得不為物引此其所以為小體乎且人必明于物（最願守～精論）（題下忌字面最禾題）物皆之非物也而後驗之當境而一物不容返之生初而萬物皆國夫其所以為萬物之皆備者惟其能一物之不容也反是而物情有不可勝詰者矣有如耳目之官不思而蔽于物此豈得復斥（遂字洗出）之為物哉我身之塊然者是亦一物也則惡得復有其官哉往来之憧憧者凡以云交也將有聞也將有見也而世途之感召紛然（寫交字頻鋭）果得其朋從則以有意之絪縟而固已相見之恨晚一本無聞也本

無見也而應念之因緣偏自迎人於離索即此無端之結契而共
徵相得之甚暱蓋天下惟物與物相乘而各有不能相違之勢耳
之於聲目之於色嘗夫氣類從同而自無所用其差池也天下又
惟物與物相比而益有不容相忤之情聲與耳謀色與目謀至於
應求不爽而更無可間於形神也是故我與之伍則為交而彼執
其機則為引當斯時也即欲稍為姑待而豈可得哉彼之物既招
之而即來此之物自呼之而即去藉令有可以自主之勢亦當稍
一徘徊而胡然方引之時急起從之而間不容髮彼固無如其交
之已固也且即欲更為追尋而竟何有哉彼之物不見其益有時

而增比之物不見其損有時而盡耕今有可為自挽之權何難驟
於末路而一當既引之後恭然疲役而不知所歸彼亦無從轉億
醒也
其交之何物也則引之而已矣吁嗟乎棄於引而其害可勝言乎
暮鼓晨鐘
姦聲亂色亦屬聲者何時而漸蔓難圖既無解於乘除之展轉與
刻骨
書紛紜止當前之應遞而瀦穢為變乘不有其清夜之幾希此為
小人而已矣

層層剝進字字疏剔虛神實理並到　趙星瞻

屈曲與鼻不肯一語寄人籬下前路寫交字精深透闢後着意
數虛字題中精神一一寫出老手勝人逐字發出妙義總在當

國朝制義存真集　孟子　四書　劉鐘翥

題攸所用處昀。九南吉

物交物　王

物交物　二句　　　吳雲

物有爲所引者當知其受蔽之原矣夫既已交之而不能不引也孰主張是而令其受蔽若此乎且物不能以治物故宰萬物之化者必在無物之體然非所論於耳目之官也夫耳目之官皆謀所運也聰明所出也安得僅泥之爲物而既不思而蔽乎物安得不謂之物也吾於其蔽之之象而想其進而交者焉吾於其受蔽之處而想其引而出者焉蓋謂之物則皆有形也皆有欲也而有形似乎相格而有欲無不相交矣謂之物則皆滯於窾也皆逐於幻也以窾相迎則交之者遇境即接以虛相逐則引之者無境不出

交字刻劃

引字刻劃

矣獨居之地未嘗有睹有聞而不睹不聞之中憧憧者是何物乎若或交之而憧憧者果在吾耳目前也此時雖欲不睹而不能不睹雖欲不聞而不能不聞若其質任自然之勢也乎旦之時亦嘗收視返聽而收視返聽之處擾擾者是何物乎恍惚交之而擾擾者若皆吾故物也此時不能不視而猶恐視之不多不能不聽而猶恐聽之不盡者亦其一往難窮之機也是以交之時猶一境也

　　微妙可思

而一交而即引則一境之中即生千百境蓋去而不復返不能待此境之盡後見彼境之來也交之時猶當境也而隨交而隨引則目前之境皆或過或來之境蓋徃而無所停并不能留瞬息之餘

　　讚斷觀切而已矣三字情景俱現

　　更入微

地定目前之應迹也吾求其所謂天聰天明者無有也引之而去矣僅存耳目之物耳求其所謂耳聰目明者亦無有也引之而去矣但見聲色之物耳其初耳目為主而聲色為客無來而不迎其

其法無

象作有狀

究聲色為君而耳目為臣無呼而不出以此為人亦聲色之人矣安所稱大哉

無義不搜無轉不徹非寔從身心體貼一過不能言之明晰如此

物交物　二句　高作霖

物有為所引者宜撤其受蔽之原矣夫既已交之而不能不引也孰主張是而令其受蔽若是乎且物不能以治物故宰萬物之化者必在無物之解然非所論於耳目之官也夫耳目之官哲謀所滙也聰明所出也安得僅泥之為物而既不思而蔽於物安得不謂之物也吾於其蔽之之象而想其進而交者焉吾於其受蔽之處而想其引而出者焉蓋謂之物則皆有形也皆有欲也兩有形似乎相勝兩有欲無不相交矣謂之物則皆滯於寔也皆逐於幻也以寔相迎則交之者遇境即投以虛相逐則引之者無境不出

矣得其之地未嘗有睹有聞而不睹不聞之中憧憧者是何物乎
蓋或交之而憧憧者果在於耳目前也此時雖欲不睹而不能不
睹雖欲不聞而不能不聞若其質任自然之勢也乎且之時亦嘗
收視返聽而收視返聽之處是擾擾者何物乎恍惚交之而擾擾
者若皆吾故物也此時不能不視而猶恐視之不多不能不聽而
猶恐聽之不盡者亦其一徃難窮之機也是以交之時猶一境也
而一交而即引則一境之中即生千百境（細極言正須突下緩筆）競去而不復返不能待
此境之盡後見彼境之來也交之時猶當境也而隨交而隨引則
目前之境皆或過或來之境蓋徃而無所停併不能留瞬息之餘

以定目前之應迹也吾求其所謂天聰夫明者無有也引之而去
矣儻吾耳目之物耳乃求其所謂耳聰目明者亦無有也引之而
去矣但見聲色之物耳其初耳目為主而聲色為客無來而不迎
其究聲色為君而耳目為臣無呼而不出以此為人亦聲色之人
矣安所稱大哉

刺暗至此

微妙之至正無一字不中人癥結此確從心地檢點過來宜其
言之森悚乃爾

明清科考墨卷集

第二十册　卷六十

物交物　二句　　唐龍

惟欲與形交、斯形為外誘矣、夫易溺者欲、易感者形、物我相交、而弗為其所誘者幾希、孟子明小體之不可從也、及此、蓋謂有小體焉、不可從也、有小人焉、不可為也、○彼耳不能思、惟以聽為職、而知覺弗具、是亦囿於形而已矣、耳非一物乎、凡物之有聲者、從夫耳

（下一物字、則清剛、物交字宜斷。）

焉、目不能思、惟以視為職、而神明弗通、是亦囿於形而已矣、目非一物乎、凡物之有形者、從夫目焉、聲無迹、以虛入者也、而耳之虛

（焉交字細刻。）

有以受天下之聲、故五聲並取、劃然而交之、有不強自合者矣、色有象、以明見者也、而目之明、有以受天下之色、故五色並著、雜然

而交之有不期自集者矣夫物交物如此引而去之抑何難哉蓋期於聲者天下之耳皆相似也故聲一交而耳即隨內着有將外着有迎矣期於色者天下之目皆相似也故色一交而目即適前若有挽後若有推矣逐物之迹窮於俱化之境吾見志氣移於物昏然而罔念也從欲之形流於忘返之域吾見聰明昏於欲其然而莫知也是則交之於前實開引之之端引之於後實固交之之迹君子於此當慎所擇矣

此引之緣由

此引之盡境

深淺斟酌

至此則陷溺牿亡境界矣

前刪交字後寫引字皆由輕而重由淺而深入理周密立言次第

物交物則引　則思　陳鳳超

物以交而且引、引而知思之有專官矣、夫物何以交、何以引、以耳目為不思之物也、然則以思為官者、不見心之獨重耶、且夫不物於物者、惟人所以為萬物之靈也、審是則形質亦非不靈之器（原評：洞乎奧奏當徹）寧獨推神明之舍哉、無如朋從之擾、先入於形質、而握其權、遂令宰制之樞專歸於神明、以司其與、亦可知靈之所屬、不在被而在此也、如耳目也、而蔽於物、斯時聰明之用、已讓其官聲色之緣、復虧其體、彼耳目無與乎思之數者、不塊然一物乎、而物寧第蔽之（清老）已乎、吾知從其類者則有交、而執其隨者則為引、交之為境也、每來而莫測使耳目亦挾能思之具則容感容形寧容以身外之物（原評清思曲注面面皆圓）綢繆固結而成無象之主賓乃其官固謙讓未遑也則我與我為（突字精刻）周旋而倏已物化引之為遂也又往而彌深使耳目亦襟善思之（川字精刻）原則作謀作哲寧容以物外之身追躡奔馳而作無端之徵逐乃其官固遜謝不敏也則物與物相附麗而遑閱我躬此無他耳目（原評直制題膝脈注筋搖）泥於有物則與物原有感召之機初不若藏於無物者運轉密移而物莫窺其朕兆耳目制於一物則於物幾無解免之路初不若宰大萬物者兼綜條貫而物並受其牢籠蓋以思為官者固别有屬也而吾乃恍然於心之官矣心之為體也運於虛而要非必絕

相離形與物渺不相涉也紛至沓來之候不思者所為順承正思

原評發緘靈府縷縷入扣[illegible]洗發理法雙

者所為別擇而相交之累何以晴其拘牽相引之端何以授之斷

清

割徑寸中之作用實具夫經營慘淡之精神一心之為用也妙於感

而又不待揆度務與物動而相遭也銷聲滅迹之餘不思者所

原評思字繪出圖光

為止境正思者所為豫圖而未與物交一若環伺而迭起未為物

引一若神動而機隨寂靜中之端倪實捲夫濬發不窮之閫奧而

豈若不思之耳目下爽於物者哉夫至物交而引適果以錮其靈

光將委瑣之形祇堪為物役一若其以思為官誠足以端其眞宰則

恭定之宇宜奉為天君孰大孰小必有能辨之者

俯仰環生。委彀盡致。道臺呂松坪先生

題竅甚深。何容膚淺。了事。發緘靈府。精氣入而纖穢除。郭曉六

精刻入微。不作一嚼蠟語。結撰由至思。故神力殊妙。吳在楊

上載霄峯。中流晴溪碧瀾之下。寸寸秋色。此濆陽石室周夔所

為歎到難也。陸敬亭

物交物

陳義龍

物與物相親難乎其交矣夫物何可交也乃物與物固不能免乎物其堪有此交乎且自人與人周旋而交之名起焉夫以人與人而交始名則似自人而外無復有可以交名者不知交之事甚私而交之途甚廣蓋不特人有交即物亦有交也如耳目之官不思而蔽于物是物也外物也乃不思者體既實而不虛蔽于物者體又滯而不化則耳目之亦為一物也明矣夫以耳目為物耳目固然所幸抵隙相接者尚與此物踈遠而不親抑以物名耳目耳目安辭方虞乘閒竊發者非與此物聯違而莫接而無如耳目以外

之物且紛紛而至也大抵物之相類者往往渠于相比謂聲氣之可通也豈知物有相比之意固不必其相類者乎雜然無定之形聲偏與頑然有定之耳目聽而欲就然居靜處之時而百感之交乘誠有莫可底止者矣抑物之不相涉者猶或強以相附謂應求之不拘也況乎物有相附之情原自有其相涉者乎可聽可視之形聲遠與能聽能視之耳目抑而思此酬酢紛紜之際而衆動之交加誠有不勝紀數者矣物以能受而施之者多耳目之為物主於受也夫惟主於受而外物因抵隙以相投無意之見聞時往來于不覺物以能擇而避之者多耳目之為物開於擇也夫惟開于

（對法又緻[illegible]交字[illegible][illegible]）

（評字態與交字相應對勝此几）

擇而外物遂乘間而竊發無窮之美好日酬接於當前誰其默聽明而切寡交之念則外物之與此物不啻有同類之呼安能屏聲色而嚴濫交之防則此物之與外物烏得無朋從之援以物而交物乎則引之而已矣

怡好逼起引之

而物字朗列分明交字描寫清雋毫無俗狀題位緊緊勒住不預占下引之可稱合作顧蕙種

物交物則引之而已矣

桐鄉　鈕汝騏　駕仙

交則必引、惟其局於物、物也、夫使其交而不引、則亦不可以物名矣、既以不思而局於物、則其於引之也、何有、且天下惟不物者為能物物外此則皆局於物者也既局於物則在彼不能禁之使不來在此又安能制之使不往質以相埒而相淩迹以相緣而相構既一合不可復離遂一往不可復返吁其危也耳目不思而蔽于物蔽之者物也而為所蔽者將不謂之物乎一物者總總之數也總則混同焉而莫之別故一耳之與衆耳一目之與衆目德有格乎不相入者而惟物之與物乃不媒而自合亦不介而自通一物之與物

又均敵之義也均則脗合焉而無所間故任耳者不與目謀任目
者不與耳謀猶有連而不相及者而惟物之與物乃依類而並呈
亦緣感而必集如是而交焉者物之情也交之為象也以密而易
扶輈而走其力萬夫
附不必投間抵隙之為害也紛而四至者常中乎物之所不得遁
故群萃猝至遂滋蔓焉而難圖交之為累也又以近而速化不必
捉彼注茲之為勞也賤而必親者具圓乎物之所不得恃故動息
相循若臭味之與為謀而有不引之者乎天下類之不肖者恐其
招之而不我即也若物之引物豈真以其類相為招也者而已不
清空文騎一洗塵氛
專其招之而始即也而又不待其招之而已即也不疾而速不行

而至挾以俱馳者反若神動而天隨而轉覺指之而即者之猶處
其後也則惟其類之肖矣天下形之不偶者恐其驅之而不我從
也若物之引物豈果以其形相為驅也者而已不曾其驅之而始
從也而又不從其驅之而已從也此動而彼說此止而彼入負以
俱趨者反若官止而神行而轉覺驅之而從者之猶處其勉也則
惟其形之屬矣（股法承接一片）而於是有冥乎物以自全其物者謂杜乎彼而不
（又為引之闢出兩重局面）
吾交則可閑於此而不吾引也不知眾萬之雜擾必非墮聰黜明
（是為交字遍到無盡頭）
之所能防苟幸其不見以期其不亂則倘一見之而未有不亂者
矣故交之之勢常以隱而伏而引之之隙不可以顯而彌而于是

有嘗乎物以自矜其物者以其偶然交之而不吾引遂信其常為交之而不吾引也不知大欲之所存必非薄物細故之所能盡苟嘗之微物而信其不移則試之尤物而未有不移者矣故引之之力嘗以驟而伸而交之之幾不可以辨而絕若此者惟不思之故也欲為大人者其必求端於能思之心乎

鋒入而喉咽鋒出而膚隨之合劍之神其筆之神　師蘭皋師

稻胃擢腎劌目鉥心何處着一膚淺語理題文中不可多得　許酉峯

轉丸騁其巧辭飛鉗伏其精術是一篇吃公子文字　張絅懷

○物交物

熊宗彥

物有所交恐不能自恃也夫有交之物則必有受交之物既已交矣
物其可自恃耶且論人而有小體大體之分則大體非物也而小體
豈得忽物雖然物有處于外者從境故多紛物有處于內者從形故
上物字　下物字
無主當其湊然相感之際吾知不能以權自據已耳目惟不思而蔽
交字
于物因是推之一人之身耳目處少而耳目之所接不少惟處少故
所接得而渚之而有感即應若離之不可離者何為也一人之身耳
摹寫交字
目原處多而耳目之所遇尤多惟處多故所遇得而惑之而有来必
兩物字出得清楚
往若合之適相合者何為也蓋蔽耳目者一物也而受蔽之耳目亦

蓋樓偶評　下　戊戌　小題觀略

一物獨不觀其所交乎天下相違則不交而相悅則交今觀有聲者物也而聲必有所通有色者物也而色必有所觸以無情之聲色而（誰能道得明了知）交于有情之耳目吾見其相悅而不相違已（此下引字不呼而動）天下相遠則難交而相近則易交今觀有聲之物在境也何以感之而成聲有色之物在外也何以感之而知色以紛乘之聲色而交于群受之耳目吾見其相近而不相遠已（交字寫得精切方無一毫滲漏）為絕情之學者泥其聞見以自逐于玄冥但聞未至而耳若有所聞見未至而目若有所見則物之交于動者猶淺物之交于靜者尤深也為遺情之學者任其睹聞似無傷于耳目但聞偏耳而所以聞非耳睹屬目而所以睹非目則物交之為累于耳目者

小物交之不止為累于耳目者大也夫視遠惟明聽於惟聰有物來而物不極者而當其交則溺而受制聰以作謀明以作哲有入物而物自正者而當其交則順而受感雖聖賢未嘗外形聲而求養性之資而特以物無宰制之權故愛惡相攻而難却也即學者豈得返稿寂而失悅心之助而特以物無研幾之用故嗜好立投而難制也則引之而已矣而豈所論于心之官乎

若只在兩物字討好便易入室滑調頭此能寔發交字之義蓋虛擒兩物字則交字未見寔發交字則兩物字自見交字做得透下引字便動得起層層關闢真有力量之文

天蓋樓偶評 下 戊戌 小題旨啓

物交物

厲清来

體有不異于物者、危乎其交矣、夫蔽于物者、亦一物也、于斯而有交之者其何以堪且使耳目之官而無所蔽也則視遠惟明聽德惟聰者可以馭萬物而物不敢以此數可以入萬物之中立於物之上使我自為我物自為物物而物亦不敢以外于如之何不思而蔽于物哉夫耦陳有異情也謂陳之不敢相偏也耳目而誤所親則疎反足以間親矣而為重為輕尚何内外之可辨乎賓主有異位也謂主之足以自守也耳目而無所主則主必見撓于賓矣而為彼為此尚何畛域之可限乎甚矣蔽于物者之亦一物也而物

先總上物字

交難交字

言偏得細

乃得而交之矣天下之相知不深者不可以言交萬類皆實禍之
羈亙必有依附之私然在彼之物其無知者也在此之物無知而
又似有知者也彼雖無知而無意于交此近于有知而有意于交
則無在非耳目即無在非物者殆有却之不能却者矣天下之情
好不涉者亦不可言交宇宙皆嗜戀之區豈宜為紛華之叢然在
我之物其有情者也在外之物無情而遠洽我之情者也有情者
擲之而惟恐寡交無情者即連類而無所不交則無在非物寡無
在非耳目者緣有數之不勝數者矣非必無不交之將也寡然盡
淑之中闕安在乎見安在乎而隱了著有所聞脣々若有所見吳

來亦交性亦交者雖欲揜其耳目交物了交耳目而分之無所于（乃見文筆之法）

愛妙

分又非必交之了為累也人生酬酢之常聞何傷乎見何傷乎而（每下）

一轉合人看飛行轉

偶有聞而并溺其所以聞偶有見而并眩其所以見是不以形交

而以神交者雖欲制于物交之先物交之後而防之何自能防盖（緊篇引出）

物不能淆耳目則物于物相攻耳目不能禁物則物與物相和了

交字備汁

者浸淫而與俱化也耳目可以離物則物與物相倚人不可以離耳

目則物與物相隨了消固結而不能解也甚矣耳目之為小體也

惟其不思而蔽于物也

而物字分說如鑿柄合說如水乳分得清故能合得緊想見胸

見

物交物

甲午 顧景

物有受所交者、不僅蔽之、而已、夫耳目何以謂之物、以有蔽之者也、而執意蔽之者、更進而交之乎、今夫物之自外入者○本與我有漠不相關之勢也○乃在外者○與在内者○忽焉而勢日以遍○情日以親○則以漠不相關者○而驟○乎○有○固○結○而○不○可○解○之○形○焉○一有如耳目之蔽于物也○斯時之耳目○不能然一物乎○夫以外物為物○猶擁而遠之也○迫○至○耳目亦成一物○而○紛○者○不○復○擁○而○遠○之○直○進○而近○之○無○所謂之為蔽于物○猶別而異之也○追○至○耳○目○亦○化○為○物○而擾○之○者○不○復○別○而○異○之○目○合○而○同○之○矣○吾嘗攷其象○始有如交○交○者、然○

天下有兩物而往來無間者斯交之紛成焉而此之物與物相漸
者其果有開乎物在彼而耳自若爲之往而迎之也耳目在此而
物若爲之來而接之也來與往遠煙無盡而其交也乃以久而益
卽矣天下有兩物而贈答無已者斯交之情求焉而此之物與物
相比者其果有已時乎耳[illegible]涉所有以紛動乎物而若有以贈之
也物接其所有以眩聞乎耳目而若有以答之也贈與答繁轉相
報而其交也乃以漸而愈密矣其始也不自禁其與物交其既也
且自幸其與物交其後也羨不自知其與物交其始也亦有時亦
必與物交其所也且無時不與物交其後也且惟恐一時不與物

二比更助得交字入細

交。或謂交亦第于其動之時耳。當其靜時。不必不少息也。而非也。動則物與物兩相捴。靜則物與物兩相倚。是并其靜而交之也。御謂交亦第于其有所觸耳。當其寂處。來必不少觸也。而非也。當其有所觸。則相交者。以形。以其無所觸。則相交者。以神。是并其寂處而亦未嘗不交也。一噓物也。而交之。是身外者。而反寄之于身內也。寄于身內。而物反繇耳目之主矣。耳目也。而物之。則是身內都而反混之于身外也。混于身外。而耳目反供物之役矣。而有不引之而去者乎。

引起下三

起處若即出上物字。便一直無味。逆從下物字逼起物交。最得

祇鍊以下詳發交字由暫說到久由始說到終由麤說到微妙

義層出如剝蕉抽繭而筆之雋快又足以達之覷虛描兩物字

者透矣　張魯瞻

兩物字畫得分明一交字寫得合詳矣思快筆得未曾有　安張䵮

顧

物交物

顧景

物有受所交者不僅蔽之而已夫耳目何以謂之物以有蔽之若
也而孰意蔽之者更進而交之乎今夫物之自外入者本與我有
漠不相關之勢也乃在外者與在內者忽焉而勢日以逼情日以
親則以漠不相關者而繫繫乎有固結而不可解之形焉有如耳
先清出下物字　使箸眼在交字
目之蔽于物也斯時之耳目不依然一物乎夫以外物為物猶推
則覺下物字迸出交字
而遠之也迨至耳目亦成一物而紛紛者不復推而遠之直迨而
近之矣抑謂之為蔽于物猶別而異之也殆至耳目亦化為物而
出交
攝攝者不復別而異之且合而同之矣吾擬其衆殆有如交者然

孟子

寄軒定本

天下有兩物而往來無間者斯交之勢成焉而此之物與物相漸
（往○來○贈○答○刻○劃○交○字○思○入○風○雲○）
若其果有間乎物在彼而耳目若爲之往而迎之也耳目在此而
物若爲之來而接之也來與往遞嬗無盡而其交也乃以久而益
固矣天下有兩物而贈答無已者斯交之情出焉而此之物與物
（寫○妙○）
相比者其果有已時乎耳目挾所有以紛馳乎物而若有以贈之
也物挾其所有以眩亂乎耳目而若有以答之也贈與答輾轉相
觀而其交也乃以漸而愈密矣其始也不自禁其與物交其既也
（淨○層○剝○入○）
且自幸其爲物交其後也遂不自知其與物交其始也亦有時未
必與物交其既也且無時不與物交其後也且惟恐一時不與物

（二比與動別交字○細）

交哉謂交亦第于其動之時耳當其靜時不必不少息也而非也

動則物與物兩相括靜則物與物兩相俟是并其靜而交之也抑

言交亦第于其有所觸耳當其寂處未必不少懈也而非也當其

有所觸則拒交者以形及其無所觸則相交者以神是并其寂處

而亦未嘗不交也嗟乎（引起下句）物也而交之是身外者而反寄之于身內

也寄于身內而物反為耳目之主矣耳自也而物之則是身內者

而反混之于身外也混于身外而耳目反供物之役矣而有不引

之而去者乎

起處若即出上物字便一直無味遂從下物字遞起物交意者